Montessori explicado a los padres

Montessori
explicado a los padres

Charlotte Poussin

Traducción de Núria Viver

Plataforma
Editorial

Título original: *Apprends-moi à faire seul,*
originalmente publicado en francés, en 2016,
por Groupe Eyrolles, París

Primera edición en esta colección: enero de 2017
Séptima edición: julio de 2021

© 2011, 2016 Groupe Eyrolles, París
© Charlotte Poussin, 2017
© de la traducción, Núria Viver Barri, 2017
© de la presente edición: Plataforma Editorial, 2017

Plataforma Editorial
c/ Muntaner, 269, entlo. 1ª – 08021 Barcelona
Tel.: (+34) 93 494 79 99 – Fax: (+34) 93 419 23 14
www.plataformaeditorial.com
info@plataformaeditorial.com

Depósito legal: B. 24.912-2016
ISBN: 978-84-16820-69-6
IBIC: JMC

Printed in Spain – Impreso en España

Fotografía de portada:
© Olivier Dion

Realización de cubierta y fotocomposición:
Grafime

El papel que se ha utilizado para imprimir este libro proviene
de explotaciones forestales controladas, donde se respetan
los valores ecológicos, sociales y el desarrollo sostenible del bosque.

Impresión:
Podiprint

Índice |

Índice

Prefacio

Desde hace medio siglo, somos testigos de debates incesantes sobre «la educación». Muchas reformas, muchas comisiones y muchas «revoluciones». Siempre discusiones apasionadas, puntos de vista irreconciliables y casi siempre cambios al margen que no arreglan nada. Ocurre en Francia, pero también en Europa y en el resto del mundo.

En suma, en todas partes la educación está «en crisis». En todas partes nos lamentamos de la inadecuación entre los productos del sistema y las necesidades de la sociedad. La buena voluntad de los padres, la experiencia de los profesores, el interés de los políticos y los trabajos de los investigadores, nada parece funcionar.

¿Y si la cuestión estuviera simplemente mal planteada? El sistema actual se esfuerza por preparar al niño para responder a las necesidades de una sociedad cuyo futuro conocemos mal, es decir, por formatearlo con vistas a un uso mal definido. En cambio, si miráramos al niño como un potencial de energía, de creatividad, de socialización y de adaptabilidad, la cuestión planteada sería muy diferente. Ya no se trata de llenar una cabeza vacía, sino de ayudar a un ser humano a desarrollar sus talentos, a adaptarse a un mundo cambiante y a realizarse en una relación positiva con los demás. El talento de Maria Montessori es haber buscado concretamente una respuesta a esta cuestión. Este libro que tengo el honor de prologar es la descripción de esta búsqueda y el informe de cien años de experiencia. No nos describe una pedagogía, sino una práctica concreta de esta relación nueva entre el adulto y el niño. Al leerlo, se descubre de forma muy concreta lo que ocurre en un entorno Montessori. Además, y es lo más importante, ¡se comprende por qué «funciona»!

Las implicaciones de este descubrimiento van mucho más allá de una simple pedagogía. Se pone en tela de juicio la relación de fuerza tradicionalmente establecida entre el maestro y el alumno. En el nuevo proceso educativo, el maestro se convierte en un guía y el niño, en un actor. El niño no es un receptáculo pasivo, sino un actor con todas las de la ley. El joven adulto que se haya beneficiado de esta nueva educación no solamente se habrá realizado personal y socialmente, sino que influirá positivamente en la evolución de la sociedad. En 1933, en un artículo publicado por el *New York Times*, Maria Montessori escribía: «Un mundo sin ilusión y dominado por el miedo al futuro debe contar, para reconstruirse, no con la tecnología, ni con las conquistas sociales, ni siquiera con la liberación de la mujer, sino con el niño emancipado. El niño, finalmente liberado de la dominación del adulto y libre de realizar completamente su propia personalidad, constituye la auténtica esperanza de una refundación de la sociedad y de la creación de un mundo nuevo».

Estas palabras son de una actualidad desconcertante. Nos hacen comprender que el enfoque Montessori es claramente una «preparación para la vida» y, además, para una vida personal intensa y una vida social armoniosa. Por desgracia, observamos que la mayoría de nuestros hijos están hoy sometidos a un proceso de desarrollo caracterizado por tres excesos: ¡un exceso de protección, un exceso de represión y un exceso de alimentación! Ofrecemos a nuestros hijos un mundo dominado por el miedo a las diferencias, sometido a un principio de precaución que esteriliza cualquier creatividad, atiborrado de golosinas dulces, de empollada escolar y de mermelada televisiva. Por lo tanto, no es sorprendente que nos encontremos entre la nueva generación a muchos niños demasiado alimentados y poco cultivados, temerosos y agresivos y, finalmente, excluidos de una sociedad que los rechaza.

Sin embargo, este embrollo no es ineluctable. Como describen las páginas siguientes, es posible otro enfoque educativo; se ha experimentado desde hace más de un siglo con éxito. La lectura de este libro nos permite descubrir que nuestros hijos poseen en sí mismos facultades y habilidades muy superiores a nuestras expectativas. El niño es un explorador natural que sabe aprender espontáneamente de su entorno. El niño practica fácilmente el aprendizaje por ensayo y error, con una paciencia sorprendente. El niño recibe las diferencias como oportunidades de enriquecimiento; la diversidad estimula su curiosidad y no genera ni miedo ni angustia. El niño sabe resolver los conflictos y posee una sorprendente facultad de restablecer rápidamente, después de una disputa incluso violenta, las condiciones de una vida en común.

No se trata de pretender aquí que un niño abandonado a sí mismo se desarrollará naturalmente de una manera armoniosa y óptima. Muy al contrario, la actuación que se propone es exigente y difícil. Reclama una auténtica «transformación» de los profesores. Establecer con los niños una relación no dominante no es un proceso natural. El educador debe ponerse en tela de juicio permanentemente. El método exige una facultad de observación que debe desarrollarse sin cesar a fin de poder guiar y apoyar a cada niño en su recorrido personal. Contrariamente a una idea preconcebida, la clase Montessori no es un lugar de laxismo, es un entorno minuciosamente organizado donde reina una disciplina que sorprende siempre a los visitantes. Finalmente, y este libro insiste especialmente sobre este punto, el papel de los padres es esencial. Esto implica una colaboración estrecha y frecuente entre ellos y el profesor. Animar una clase Montessori es una tarea ardua pero revalorizante. ¡Imaginemos un mundo en el que los jóvenes lleguen a la edad adulta confiando en sus talentos, socialmente integrados, estimulados por las dificultades y desbordantes de creatividad!

Este mundo es posible y este libro contribuye a ello.

ANDRÉ ROBERFROID,
presidente de la Fundación Montessori de Francia
y embajador de la Asociación Montessori Internacional (AMI),
que presidió durante diez años.

Introducción

«El niño es el padre del hombre.»

The Rainbow, WILLIAM WORDSWORTH

«El niño es el constructor del hombre y no existe
hombre que no haya sido formado por el niño que
ha sido.»

La mente absorbente del niño, MARIA MONTESSORI

Montaigne escribió en los *Ensayos:* «Enseñar no es llenar un
vaso, es encender un fuego». Sin duda, Maria Montessori se
inspiró en ello cuando escribió: «El niño no es un vaso que
se llena, sino una fuente que se hace brotar».

Se oye hablar a menudo de la pedagogía Montessori, pero
¿qué es exactamente? ¿Un método bonachón y permisivo que
da total libertad al niño? ¿Una filosofía del niño rey? En absoluto. Se trata de una forma de pensamiento que coloca al niño
en el centro de la pedagogía y lo considera con el mayor de los
respetos, en su globalidad y su individualidad.

La pedagogía es la ciencia de la educación. Pero ¿qué es
la educación?

Platón la definió como la mayéutica (del griego *maieutikê*, «arte de dar a luz»), el arte que Sócrates tenía de dar a luz inteligencias, es decir, de ayudar a su interlocutor a engendrar y expresar los conocimientos que lleva en sí mismo, interrogándolo de manera humilde y justa. La educación es el arte de acompañar haciendo las preguntas adecuadas, a la vez que se considera que la persona interrogada puede encontrar en sí misma las respuestas correctas y ser el artesano de su propia realización. La educación se vive entonces como una sucesión de liberaciones.

De la misma manera, el método Montessori considera la educación como una ayuda para la vida. Educar no es adiestrar, es acompañar en el camino personal de la realización. Por eso, Maria Montessori no quería utilizar el término «institutor», que viene del latín *in stutere*, es decir, «poner dentro», como si se llenara al niño de conocimientos, sino más bien el término «educador», que viene del latín *educare*, que significa «elevar, hacer surgir». Es cierto que esto requiere también adoptar las reglas de nuestra cultura. Esta pedagogía nos invita, pues, a cambiar nuestra actitud ante el niño, a no considerarlo como a un futuro adulto que hay que modelar, sino como a un ser actor de su propia construcción, una persona con todas las de la ley a la que hay que ayudar a desarrollarSE. Siempre respetando sus cualidades inherentes y su personalidad. El papel del educador es el de acompañar al niño en el camino de su desarrollo personal. Para ello, debe educar encontrando el equilibrio justo entre la exigencia y el laxismo. El objetivo de la educación es mejorar la vida psíquica de los niños y la calidad de las relaciones entre los adultos y los niños. La calidad de esta relación es esencial. Cuanto más disponible se está para la relación centrándose en el niño, más receptivo será este niño para la educación que se le propone.

En el método tradicional, el profesor enseña al alumno, que se adapta y a veces recibe los conocimientos de manera pasiva. Se podría considerar una clase tradicional de treinta alumnos y constatar que, cuando el profesor presenta un nuevo concepto, diez alumnos no son receptivos, porque no están listos para comprenderlo, otros diez no aprenden nada porque ya han comprendido este concepto y, finalmente, los diez últimos, es decir, solo un tercio, se benefician de esta enseñanza, porque se les ofrece en el momento oportuno para ellos. Esta situación es penosa para veinte de los treinta alumnos, así como para el profesor, que debe «imponer la disciplina», porque la mayoría de los alumnos, no implicados y, por lo tanto, potencialmente no concentrados, alteran el buen desarrollo de la clase. ¿Acaso no es mejor seguir el ritmo de cada uno? ¿No es mejor estimular a todo el mundo sin empujar a los que no están listos ni frenar a los que quieren ir más lejos?

En el enfoque Montessori, el niño aprende por sí mismo según un proceso natural, siempre que esté en un entorno propicio y acompañado por un educador que lo estimule, lo respete y se adapte a él. A menudo, se oye decir que los niños de preescolar son demasiado pequeños para concentrarse durante mucho tiempo. Ahora bien, son capaces de fijar la atención durante periodos muy largos en una actividad que ellos mismos han elegido, porque esta responde a un impulso, a una necesidad vital. En efecto, es muy diferente cuando la actividad y el tiempo que deben dedicarle se les imponen. La actividad libremente elegida satisface al niño en su necesidad de descubrimiento. Efectivamente, el niño es un pequeño explorador insaciable en busca de su propia realización. Multiplica las experiencias concretas, porque su aprendizaje tiene lugar en la acción. Es posible que repita una actividad numerosas veces, hasta que haya progresado, domine un movimiento o adquiera una competencia, y lo hace con placer. ¡Qué sentimiento de plenitud cuando lleva a buen puerto su trabajo! Cuando está concentrado, el niño se construye. ¡No nos cansamos nunca de leer la felicidad en el rostro de un niño concentrado! El niño satisfecho de su actividad es pacífico, está tranquilo. Sacia su sed de aprender. Cuanto más aprende, más le gusta aprender, ¡su hambre de aprendizaje no tiene fin! Está en formación continua de forma natural. ¿Acaso no es este el objetivo de la educación? Amar aprender, saber buscar y saber encontrar. ¿No es esto más importante que acumular conocimientos que se olvidan con rapidez, sobre todo si se hace en un contexto estresante? El objetivo es el placer de aprender juntos, en colaboración.

Dado que lo he hecho durante años, puedo dar testimonio de la felicidad que siento al acompañar a los niños en una clase Montessori, en un ambiente de respeto por todos. De veinte a treinta niños en una habitación, cada uno enfrascado en su trabajo, ya sea individual o colectivo, y reina la calma porque cada uno se autodisciplina y se concentra en el proyecto que ha elegido y que tiene ganas de llevar a cabo. Sin notas y sin competición, en una atmósfera cooperativa y benevolente.

La pedagogía Montessori tiene por objeto el desarrollo del niño. Por eso, ofrece una enseñanza personalizada, adaptada al ritmo de cada uno, sin la idea de avance o retroceso. En efecto, cualquier aprendizaje se puede comparar al de la marcha. Algunos niños caminan a los 10 meses, otros a los 18. En definitiva, todos caminan, poco importa a qué edad hayan dado el primer paso. Lo esencial es que el niño haya vivido este aprendizaje en el momento adecuado para él, a fin de vivirlo con confianza.

Vemos a menudo a padres que se enorgullecen del hecho de que su hijo haya aprendido esto o aquello muy pronto. Otros sobreestimulan a su bebé para que adquiera una u otra competencia lo antes posible. Es mejor seguir al niño y ofrecerle la dosis correcta de estímulos en el momento adecuado. Respetar los ritmos de vida del niño ofreciéndole la posibilidad de elegir sus actividades en un ambiente preparado y propicio para su desarrollo favorece su expansión en una atmósfera de confianza. Ahora bien, la clave del éxito de una educación es la confianza en uno mismo.

El método Montessori permite al niño «actuar solo» a la vez que está «contenido» en la mirada benevolente del adulto que lo acompaña. Es un enfoque que desarrolla el amor por el trabajo. De forma natural, el niño tiene sed de aprender y de crecer. Ofrecerle un marco en el que pueda saciar esta sed en el momento adecuado es el mejor de los regalos que se le puede hacer, el de la libertad y la paz interiores, en otras palabras, ¡el de la felicidad!

Al final de la obra, encontrará algunas ideas de actividades propuestas en las clases Montessori. Puede inspirarse en ellas, pero solo se trata de una pequeña muestra. Porque lo más importante en el enfoque Montessori es el estado de ánimo, la mirada que se dirige al niño, una mirada llena de amor y de respeto. El verdadero objetivo es que el niño sea autónomo, independiente, responsable y seguro de sí mismo, consciente de su papel, respetuoso consigo mismo y con su comunidad, con un gran sentimiento de pertenencia. Para ello, tiene cuatro necesidades fundamentales: sentirse amado, en confianza, respetado y apoyado, de manera incondicional.

Espero que este libro lo impulse a aprovechar cada momento compartido con un niño y a vivirlo como una ocasión de felicidad compartida.

1.
Maria Montessori

Maria Montessori nace el 31 de agosto de 1870 en Chiarava-
lle, una pequeña ciudad situada en la provincia de Ancona,
en Italia. Es la única hija de un padre funcionario, bastante
austero, y de una madre muy instruida procedente de una
familia de investigadores. Sus padres, preocupados de que su
hija reciba una buena instrucción, deciden llevarla a Roma.

La primera mujer médico de Italia

Maria realiza estudios de medicina contra la voluntad de
todos, puesto que, en aquella época, estaban reservados a
los hombres. Tiene que luchar para obtener autorizaciones
excepcionales. Es una auténtica odisea, pero ella da muestras de tenacidad y de valor. Incluso tiene que diseccionar
ella sola, la noche siguiente a las clases, ¡porque se considera
indecente que una mujer joven lo haga en presencia de estudiantes masculinos! En 1897, es una de las primeras mujeres
que obtiene el título de Medicina en Italia.

Continúa estudiando Biología, Psicología y Filosofía en Francia, Inglaterra e Italia. Trabaja en la clínica psiquiátrica de Roma con niños con una discapacidad mental. Considera que estos niños tienen más necesidad de ayuda pedagógica que médica. El Estado crea entonces un instituto de ortofrenia (arte de desarrollar las facultades intelectuales) y se lo confía a Maria Montessori. Ella se ocupa, con el doctor Montesano, de niños que tienen deficiencias cognitivas y discapacidades mentales. Los observa incansablemente y se dedica a su desarrollo. Quiere que se los respete y se los estimule más y, por consiguiente, sean más activos y se sientan seguros de sí mismos, defiende sus derechos y su dignidad en numerosas conferencias.

Se inspira en los trabajos de dos médicos franceses del siglo XIX, Jean Itard[1] y su discípulo Édouard Séguin.[2] Itard es conocido por haber ayudado al famoso Victor, niño salvaje de Aveyron, que se encontró hacia los 10 años en un bosque, viviendo como un animal, sin haber adquirido las características de la especie humana debido a la soledad. Por otra parte, su historia inspiró a François Truffaut la famosa película *El pequeño salvaje* (1969). Séguin, por su parte, había creado un material pedagógico destinado a los niños deficientes. Maria Montessori se inspira en este material para trabajar con los niños que sufren una discapacidad. Sus progresos

1. Jean Itard (1774-1838): médico y pedagogo francés.
2. Édouard Séguin (1812-1880): médico francés emigrado a Estados Unidos, alumno de Itard. Especialista en educación de niños con deficiencia mental.

son impresionantes, en especial en los ámbitos de la escritura y la lectura. Algunos incluso se presentan a los exámenes de final de estudios primarios y obtienen excelentes resultados. ¡Este éxito es para ella una revelación! Decide entonces investigar lo que puede dificultar el buen desarrollo de los niños sin discapacidad y quiere proponerles el material pedagógico que ha elaborado. Una ocasión que pronto se presentará...

La primera escuela Montessori

Después de cuatro años como profesora en el Instituto Pedagógico de la Universidad de Roma, trabajando en la historia de la antropología y su aplicación en pedagogía, Maria Montessori tiene la oportunidad de crear un lugar de acogida para niños sin discapacidad. En efecto, se le confían unos niños, hasta el momento abandonados a su suerte en el barrio obrero de San Lorenzo, en Roma. En enero de 1907, Maria Montessori, abre, pues la primera *Casa dei Bambini* («Casa de los Niños»), en via dei Marsi. Manda fabricar de inmediato muebles proporcionados al tamaño de los niños, lo que en ese momento resulta revolucionario. Contrata a una asistente, con la que se ocupa de unos cincuenta niños, y les ofrece el material pedagógico que había diseñado anteriormente.

Con una actitud de investigación científica, observa a los niños evolucionar espontáneamente en un entorno que ha preparado para ellos. Adapta el material en función de sus observaciones y elabora también nuevas actividades. Sorprendida por las capacidades de concentración y autodisciplina de los niños, multiplica las experiencias y los descubrimientos positivos. Observa que los niños necesitan orden, elegir libremente sus actividades y poder repetirlas tanto tiempo como les parezca bien y tantas veces como quieran, porque buscan más la actividad en sí misma que su finalidad.

De esta manera, explora y descubre progresivamente una nueva pedagogía, que llamará «pedagogía científica» y que se convertirá en el método Montessori. También se da cuenta de que los niños «trasladan» a sus casas nuevos hábitos de cuidado del entorno y de orden, y que los balcones de este barrio desfavorecido reverdecen. El desarrollo de los niños se transmite a su entorno. Constata que los niños educan a sus familias y son los actores y la fuente de mejoras sociales.

La multiplicación de las escuelas y la notoriedad

Los progresos de los niños de los que se ocupa son tan impresionantes que salen en la prensa internacional. ¡Acuden de todos los rincones del mundo para visitar esta nueva escuela! Se abre una segunda Casa de los Niños en otro barrio pobre de la ciudad. La fama de Maria Montessori llega a todo el mundo. Redacta varias obras sobre el tema de la pedagogía, de los niños y de su desarrollo (cf. Bibliografía, pp. 30 y 259). En numerosas conferencias, expone y explica su método pedagógico. Habla de autoeducación. Todo el mundo quiere conocer su receta. Pero justamente no se trata de una receta, es un enfoque, un estado de ánimo.

Para responder a estas peticiones apremiantes de formación, crea, en 1909, un curso de educadores para niños de 3 a 6 años y después otro para los de 6 a 12 años. Los cursos se convierten en internacionales en 1913. Estas formaciones pretenden desarrollar su método de manera rigurosa, respetando sus principios fundadores: lo esencial es cambiar la forma de considerar al niño, lo cual requiere una conversión interior y un proceso de humildad. Las escuelas se multiplican, pero este desarrollo fulgurante se interrumpe debido a la guerra de 1914. Acompañada por su hijo único de 17 años, Maria Montessori parte entonces a Estados Unidos, donde ya se han fundado numerosas escuelas (un centenar en unos años) como consecuencia de una primera estancia un poco antes. Sin embargo, viaja regularmente a Europa, donde participa en la creación de movimientos pedagógicos, y regresa para establecerse en España, en Barcelona, donde se abren un curso de formadores y algunas escuelas.

Su hijo Mario, que entretanto se ha casado con una norteamericana, se reúne con ella, junto con su mujer y su hijo, en 1918. Desde este momento, viven muy cerca unos de otros, pues Mario trabaja con su madre en el desarrollo de su pedagogía.

Maria Montessori multiplica las conferencias y los cursos de formación en numerosos países y forma a unos cinco mil educadores. Quiere que el desarrollo de su método se haga respetando ciertos principios fundamentales. Por eso, crea con su hijo, en 1929, la Asociación Montessori Internacional (AMI), cuyo objetivo es preservar y promover su pedagogía. Esta asociación sigue siendo muy activa. Existen también asociaciones nacionales; en Francia, se trata de la AMF.[3]

En 1934, Mussolini, que anteriormente se había reunido con Maria Montessori y la había admirado hasta el punto de exigir que todas las escuelas de Italia siguieran su pedagogía, se ofende al constatar que sus filosofías se oponen y decide cerrar todas sus escuelas. Maria Montessori no volverá a poner los pies en su país natal hasta después de 1947. En el lugar donde vive, España, se perfila el ascenso de Franco, lo cual la incita a abandonar este país en el que se había instalado más de veinte años atrás. Después de una estancia en Inglaterra, se establece en los Países Bajos, donde crea un centro de formación y una escuela en Laren.

En 1939, huyendo de la guerra, viaja a la India para formar educadores con la intención de permanecer allí unos meses. Se instala en Madrás y finalmente se quedará allí hasta 1945. Crea numerosas escuelas y conoce a Nehru, Tagore y Gandhi, del que se hace amiga. Se establece allí de nuevo entre 1947 y 1949. Se interesa cada vez más por la vida intrauterina y los recién nacidos, así como por la educación cósmica (educación en el universo). Insiste en el hecho de que la Paz, con «P» mayúscula, germina mejor si la semilla de la paz se siembra en los niños desde el inicio de la vida. Las relaciones entre los adultos y los bebés, pero también las

3. Su equivalente en España es la AME (Asociación Montessori Española). (*N. del e.*)

relaciones de los niños entre sí a escala de la familia, el vecindario y la clase, condicionan la naturaleza de las relaciones de los adultos del mañana. Por eso, los primeros años de la vida son tan valiosos. Escribe nuevos libros, como *Educación y paz*, en el que señala que «el establecimiento de una paz duradera es el objetivo de la educación». Este libro es nominado tres veces para el premio Nobel de la Paz. Por otra parte, se le concede la Legión de Honor en Francia en 1949 y, en 1950, se convierte en oficial de la orden honorífica de Oranje-Nassau en los Países Bajos. Es ovacionada en la Unesco. Una vez instalada definitivamente en Ámsterdam, vive cerca de su hijo Mario y de su familia reconstituida, en una casa situada en la calle Koninginneweg, donde la AMI sigue teniendo su sede. Vuelve a la formación de educadores y restablece sus escuelas en Italia a petición del gobierno.

Maria Montessori termina la redacción de su libro *La mente absorbente del niño* antes de su muerte el 6 de mayo de 1952, en Noordwijk, en los Países Bajos, a los 82 años. Allí está enterrada y su epitafio la cita: «Ruego a los queridos niños tan poderosos que se unan a mí para construir la paz en el hombre y en el mundo». Deja tras ella un movimiento de educación nueva que todavía nos inspira en la actualidad. Su hijo Mario Montessori se ocupa de la presidencia de la asociación AMI hasta 1985.

Por otra parte, Maria Montessori fue una gran militante en favor de la mejora de las condiciones de la mujer y de los trabajadores. Se convirtió en la abogada de los niños y denunció el hecho de que trabajaran. Era una mujer decididamente avanzada para su tiempo. En 2007, las escuelas Montessori del mundo entero conmemoraron el centenario de la apertura de la primera Casa de los Niños.

Montessori hoy

En nuestros días, existen más de 30.000 escuelas Montessori en el mundo, repartidas en más de cincuenta países, sin contar las innumerables escuelas de inspiración montessoriana. En Francia, se cuentan más de 150 escuelas Montessori y numerosos proyectos de creación. Esto es muy poco, comparado con nuestros vecinos europeos como Italia, Inglaterra, Alemania, Escandinavia y los Países Bajos, donde incluso existen escuelas Montessori que gozan de ayudas públicas. Es también el caso de la India, donde hay miles, así como de Japón y América del Norte. También es una pedagogía muy utilizada por las familias que practican la instrucción en casa.

En la actualidad, se realizan investigaciones en el ámbito de las neurociencias y la psicología cognitiva que confirman los descubrimientos de Maria Montessori. Entre ellas, se puede citar la de Angeline Stoll Lillard, investigadora norteamericana y profesora de psicología en la Universidad de Virginia, que ha estudiado los métodos Montessori durante más de 20 años. En su libro *Montessori, the Science Behind the Genius*, publicado en 2005, expone las investigaciones científicas que confirman los principios montessorianos. En

Francia, Stanislas Dehaene, neurocientífico y profesor de psicología en el Collège de France, prestó una gran atención a la experimentación de una clase Montessori adaptada en una escuela pública de preescolar de un barrio desfavorecido a las puertas de París, entre 2011 y 2014. Las pruebas efectuadas por un laboratorio del CNRS demostraron que los niños que se habían beneficiado de esta experiencia exitosa tenían un razonamiento por encima de la normalidad nacional. Esta experiencia resultó positiva.

Aunque sea tranquilizador demostrar la eficacia de esta pedagogía, el objetivo de este enfoque no es permitir que los niños sean «adelantados», sino que sean autónomos, estén adaptados y satisfechos en su sed de aprender y, por consiguiente, se sientan realizados, individualmente y en comunidad. Esto favorece la igualdad de oportunidades. La pedagogía Montessori aspira a desarrollarse en las casas, las guarderías y las escuelas públicas. Es deseable para todos.

Lo que conviene recordar

Maria Montessori era una mujer vanguardista, religiosa y entregada a la causa de los niños. En primer lugar, creó escuelas para los niños con dificultades: portadores de discapacidades o desfavorecidos. Después se dedicó a los «privilegiados», pensando que también ellos necesitaban ayuda para ser ellos mismos. En cualquier caso, no diseñó una escuela de ricos y superdotados, contrariamente a algunas ideas preconcebidas. Su pedagogía se dirige a todos, como se ve en otros países, y se desarrolla también en Francia, incluso en la escuela pública y concertada. Su pedagogía milita por el desarrollo de cada uno y por la educación para la paz.

Las obras de Maria Montessori

- *El método de la pedagogía científica: aplicado a la educación de la infancia en las «Case dei Bambinis» (Las Casas de los Niños),* 1909 (Biblioteca Nueva, 2004).
- *La auto-educación en la escuela elemental: continuación al método de la pedagogía científica aplicado a la educación de la infancia en «Case dei Bambinis» (Las Casas de los Niños),* 1910. (Araluce, 1925)
- *L'Enfant dans la famille* (Conferencias en Bruselas), 1923 (Desclée de Brouwer, 2007).
- *Educación y paz,* 1932-1935 (Errepar, 2001).
- *Psicogeometría,* 1934 (Araluce, 1934).
- *El niño,* 1936 (Araluce, 1971).
- *Les Étapes de l'éducation* (conferencia en la Sorbona), 1936 (Desclée de Brouwer, 2007).
- *Éducation pour un monde nouveau* (conferencias), 1943 (Desclée de Brouwer, 2010).
- *The 1946 London Lectures* (AMI), Montessori-Pierson Publishing Company (2012).
- *Éduquer le potentiel humain,* 1948 (Desclée de Brouwer, 2003).
- *Formación del hombre,* 1949 (Araluce, 1973).
- *De l'enfant à l'adolescent,* 1948 (Desclée de Brouwer, 2006).
- *La mente absorbente del niño,* 1952 (Araluce, 1971).

2.
El desarrollo del niño

«Existe en el niño una fuerza global [...] que lo empuja a crear al ser humano de su tiempo, de su civilización, gracias a la facultad absorbente. Esta es claramente la función de la larga infancia del ser humano.»

La mente absorbente del niño,
MARIA MONTESSORI

Maria Montessori tiene una visión a la vez científica y poética de la vida. Piensa que nada se debe al azar, que cada elemento ocupa su lugar y tiene su función en el universo y que tiende hacia una finalidad. Emplea términos que han envejecido y que parecen un poco anticuados, al hablar de educación cósmica y de los elementos como agentes de creación. Explica, con estas expresiones gráficas, que cada uno tiene un papel que desempeñar y que ninguna misión es superior a otra. Habla de vocación, de «deber que cumplir en armonía con un todo, y a su servicio». Al vivir, cada elemento presta inconscientemente un servicio al conjunto y permite así que cada uno viva. Se trata de la interdependencia. Cada elemento, animado o inanimado, contribuye al conjunto.

Por ejemplo, la abeja, al satisfacer su necesidad de alimentarse, permite la polinización de las flores y, por consiguiente, su fecundación y su reproducción, por lo tanto, la planta necesita a la abeja para que su flor se convierta en fruto; la abeja también necesita a las flores para sobrevivir; el ser humano necesita a la abeja por su miel, pero también para tener flores y, sobre todo, para alimentarse de los frutos en que se convertirán si la abeja las fecunda. Las abejas están actualmente en peligro y se sabe que, si desaparecen, el ser humano tendrá que renunciar a un tercio de su alimentación. Ahora bien, el hombre no siempre es el mejoramigo de la abeja. A veces, sus acciones sobre el medioambiente la dañan. Todos somos interdependientes y de esto es de lo que Maria Montessori quiere que cada uno tome fundamentalmente conciencia, y lo más precozmente posible.

Según Maria Montessori, dado que los seres humanos no están limitados a un territorio, una época o un clima, tienen un papel particular, el de transformar su entorno. Pueden adaptarse a casi todo porque ellos mismos crean sus factores de adaptación.

Cada niño que nace es una nueva esperanza para la humanidad. Cada ser humano tiene la posibilidad de crear un nuevo modo de vida, un nuevo comportamiento y una nueva conciencia. Porque el ser humano está dotado de la libertad.

El niño responde a un impulso vital que lo supera y lo engloba. No vive solo para sobrevivir. Participa en la gran evolución de la humanidad, y la larga duración de la infancia permite esta lenta evolución.

Afortunado, pues, el que encuentra aquello para lo que está hecho y lo realiza. Se convierte así en aquello para lo que está hecho. Se convierte en lo que es.

La mente absorbente

La mente del niño absorbe natural y progresivamente todo lo que lo rodea. Según Maria Montessori, es la principal característica del niño. Mientras que la mente del adulto elabora reflexiones de manera consciente y progresiva, la del niño absorbe de manera inconsciente e instantánea. Maria Montessori comparaba la inconsciencia del niño con la cámara oscura en la que se revelan las impresiones fotográficas. Pasa allí algo misterioso que hace surgir y fija de manera permanente lo que se ha absorbido de manera imperceptible. Por oposición, comparaba la mente fotográfica del niño a la del adulto, que fija con esfuerzo, por toques sucesivos, como lo haría un pintor, en un taller luminoso, es decir, conscientemente.

La mente absorbente es una forma de mente específica del niño que le permite absorber el medio en el que vive. Es una expresión consagrada: «Los niños son esponjas». Absorben todo lo que les ofrece su entorno y se realizan mediante la interacción con este. El niño vive experiencias que suscitan en él impresiones y sensaciones, que clasificará y organizará en percepciones. Las experiencias son el fundamento de la maduración psíquica. Se trata de una interacción permanente entre la vida física (la experiencia del cuerpo) y la vida psíquica (el trabajo de la mente). Es lo que Maria Montessori llamó la «mente absorbente», un estado mental que permite al niño asimilar sus experiencias y construirse al integrarlas. El niño primero asimila y después analiza. Este estado mental absorbente es inconsciente desde el nacimiento hasta los 3 años. Se vuelve progresivamente consciente entre los 3 y los 6 años. Estas convicciones que tenía Maria Montessori han sido demostradas después por científicos y por investigadores en neurociencias. Se sabe que la «sinaptogénesis», es decir, la conexión de las células neuronales entre sí mediante sinapsis, alcanza su punto culminante en el cerebro humano entre el primer y el tercer año de vida. El cerebro funciona entonces como un aspirador que lo capta todo. Esta sinaptogénesis disminuye después, sobre todo tras la pubertad, y, cuanto más crece el niño, más elimina conexiones neuronales inútiles para «dejar lugar» a las que son más utilizadas. Se puede decir que aprender es eliminar capacidades superfluas para desarrollar capacidades más útiles. El niño se construye, pues, en función de lo que su entorno le ofrece y le niega.

Esta capacidad que tiene el niño de integrar, por mimetismo, las características de su medio le permiten, por una parte, construirse con su propia personalidad y, por otra parte, convertirse en «un ser humano de su tiempo», adaptado a su cultura y a su época. La mente absorbente permite al pequeño ser humano construir su identidad personal, así como una identidad social adaptada a la del lugar en el que crece.

Absorbe la lengua, las costumbres, las prácticas y los valores de las personas con las que está en contacto. Esto le permite desarrollar una sensación de pertenencia a un grupo social, lo cual le da una gran sensación de seguridad y, por lo tanto, de confianza en sí mismo.

«En los primeros años de su vida es cuando el niño prepara, gracias a su mente absorbente, todas las características del individuo, aunque sea inconsciente de ello. Además, a esta edad se aporta la ayuda educativa gracias al medio. Esta es, pues, la edad en la que el ser humano trabaja sin fatiga y asimila el conocimiento como un alimento vivificante», escribe Maria Montessori en *El método de la pedagogía científica.*[4]

Los periodos sensibles

«La base alrededor de la cual actúan interiormente los periodos sensibles es la razón.»

«Si el niño no ha podido obedecer las directrices de su periodo sensible, se ha perdido la ocasión de una conquista natural, se ha perdido para siempre.»

El niño, MARIA MONTESSORI

La mente absorbente es guiada por los instintos, que Maria Montessori llama «periodos sensibles». Se trata de predis-

4. *El método de la pedagogía científica*, Biblioteca Nueva, 2004.

posiciones interiores que empujan al niño a centrarse en un aspecto de su entorno que en ese momento es necesario para su desarrollo y que corresponde a una etapa de su crecimiento. Maria Montessori comparaba estos instintos con unas luces que irradian desde el interior del niño para iluminar lo que necesita. El niño realiza, pues, elecciones en su entorno en función de lo que necesita para aprender. Es muy sensible a ciertas actividades e insensible a otras. Una vez que ha elegido una, se concentra con atención y aprende de forma natural, con placer, sin esfuerzo.

El niño elige espontáneamente en su entorno lo que, en el estadio en el que se encuentra de su desarrollo, le permite continuar construyéndose mentalmente. Los objetos exteriores elegidos dejan en él una huella sensorial que alimenta su vida psíquica y lo incita a establecer relaciones en las que se apoya su inteligencia. Por ejemplo, cuando el niño está en pleno periodo sensible del movimiento, se siente atraído por todo lo que lo invita a coordinar sus movimientos.

Los periodos sensibles tienen duraciones e intensidades variables. Se superponen. Algunos empiezan en la vida intrauterina. Los principales periodos sensibles descritos por Maria Montessori son seis:

- El periodo sensible del orden (de 0 a 6 años).
- El periodo sensible del movimiento (de 0 a 5-6 años).
- El periodo sensible del lenguaje (de 0 a 7 años).
- El periodo sensible de las sensaciones (de 0 a 6 años).
- El periodo sensible de los objetos pequeños (de 1 a 6-7 años).

- El periodo sensible de la vida social (desde la vida intrauterina, con un pico hacia los 6 años).

Los periodos sensibles son transitorios, cesan cuando se han adquirido las competencias a las que sirven. Una vez que la necesidad de aprender del niño se ha saciado y que la competencia instintivamente buscada se ha adquirido, se siente atraído por otra cosa.

El término de «periodo sensible» lo tomó Maria Montessori de un biólogo holandés, Hugo de Vries, que lo descubrió en 1902. Observando orugas, constató que se sentían atraídas por la luz al principio de su vida. Cuando nacen al pie de los árboles, se dirigen hacia el extremo de las ramas, donde crecen las hojas verdes tiernas que contienen los elementos nutritivos necesarios para su supervivencia. Unos días más tarde, ya no se sienten atraídas por la luz y ya no necesitan la misma alimentación. Descienden a lo largo de las ramas porque la luz que antes las había atraído ahora las molesta. Estos instintos sucesivos corresponden a diferentes periodos sensibles que les permiten encontrar en su entorno los elementos necesarios para su correcto crecimiento. Cuando estos elementos ya no son necesarios, el instinto cesa. Otro ejemplo es el de las pequeñas tortugas marinas, que nacen en la arena y responden, desde los primeros instantes de su vida, a un impulso irresistible que las atrae hacia el mar. Necesitaban el calor de la arena para eclosionar y, en cuanto nacen, necesitan imperiosamente el agua para vivir. Si algo les impide responder a este instinto, mueren.

El periodo sensible es una llamada vital y, por consiguiente, irresistible. Maria Montessori pensaba que el niño experimenta un dolor psíquico intenso cuando no puede responder a esta llamada. Este sufrimiento, cuyo origen es la mayoría de las veces inconsciente, puede generar reacciones violentas de cólera o de tristeza y malestar. Maria Montessori pensaba que este sufrimiento explica la mayoría de los famosos «caprichos», que ocultan en realidad la expresión de una frustración intelectual muy grande. Es bueno ser consciente de esto para discernir mejor las reacciones de los niños. Imaginemos un niño concentrado en una actividad que lo atrae y lo apasiona, y que a nosotros nos parece poco importante. Si lo interrumpimos y, peor aún, si le impedimos que termine esta actividad, ponemos un obstáculo a este impulso vital, evitamos un trabajo psíquico real. El niño puede entonces encolerizarse, incluso sin darse cuenta de hasta qué punto era importante la actividad que realizaba. No forzosamente es capaz de verbalizar su frustración, sobre todo si todavía no habla, así que patalea… La actividad de un niño, que nos parece un detalle sin ningún interés, para él puede ser de la mayor importancia.

Maria Montessori pensaba que el adulto debe procurar no poner trabas al niño cuando responde a un impulso vital de construcción interior. Cuando se frustra con demasiada frecuencia el impulso de desarrollo de un niño, se desarrolla con menos facilidad.

Cuando un periodo sensible cesa pero la competencia para la que servía no se ha adquirido, el aprendizaje puede ser mucho más laborioso y a veces, incluso, hasta muy difícil.

Incluso existen casos en los que, desgraciadamente, uno o varios aspectos del entorno necesarios para el correcto desarrollo del niño no son accesibles para él durante demasiado tiempo. Esto puede tener repercusiones dramáticas, como muestra el siguiente testimonio sobre Diego.

En cambio, un niño cuyas necesidades de descubrimiento se satisfacen está colmado. Respira buen humor, porque aprender lo hace feliz. En efecto, los niños tienen una sed natural de aprender, incansablemente. Se sienten atraídos por la novedad, como aventureros. Están naturalmente motivados para explorar, descubrir la vida, probar, experimentar, ensayar y volver a ensayar... Esto los vuelve entusiastas. Son incansables, desbordan energía para aprender con alegría. Seguramente, la motivación no siempre estará presente de la misma manera si se le impone una actividad, porque no se tratará forzosamente de una respuesta a un impulso vital.

Aprender durante un periodo sensible cae por su propio peso; aprender lo mismo cuando este ha pasado es más difícil... Por ejemplo, si se constata con qué facilidad un niño aprende una segunda lengua cuando se expone a ella durante el periodo sensible del lenguaje (de 0 a 7 años), se comprende hasta qué punto el proceso es diferente del de un adulto que, laboriosamente, inicia el aprendizaje de una lengua extranjera. En el primer caso, se trata de una adquisición espontánea, en el otro, de un trabajo en el que interviene el razonamiento. Lo mismo ocurre con la adquisición de las competencias de lectura y escritura. Algunos niños están listos temprano, mucho antes de entrar en el curso preparatorio. Así pues, no hay que dejar pasar el tren, porque será más difícil para ellos más tarde; ya no responderá a un deseo. Debemos preservar el deseo de aprender. Es un tesoro, busquemos el momento oportuno y hagamos lo posible cuando está presente; ¡seamos pacientes cuando todavía no se presenta! Lo mismo ocurre con el aprendizaje de la marcha, de la utilización del orinal... Paciencia... ¡y presencia! Maria Montessori insistía en el hecho de que el gozo de aprender, dirigido por el deseo y el placer de descubrir, es indispensable para la construcción de la inteligencia, como la respiración lo es para la vida.

El niño se construye con lo que le ofrecemos, pero sin lo que le negamos. De ahí la importancia de proponerle un medio adaptado a sus necesidades. El entorno debe proporcionarle lo que necesita en el momento adecuado. Las estimulaciones favorables para un periodo sensible deben ofrecerse en las cantidades correctas, ni demasiado ni demasiado poco. También debemos intentar no estimular en exceso, porque esto puede desbordar al niño. ¡Una esponja no puede absorber toda el agua de la bañera! Maria Montessori estaba convencida de que todos los niños tienen un potencial excepcional, pero que solo se desarrolla al máximo si la estimulación necesaria se le ofrece en el momento adecuado, en la cantidad correcta y con una buena calidad. Por eso es importante conocer los principales periodos sensibles, a fin de reconocerlos cuando los niños los atraviesen y poder acompañarlos mejor en su impulso.

**Testimonio personal sobre Diego,
cuyos periodos sensibles no se tuvieron en cuenta**

He vivido más de un año en Brasil, trabajando para una asociación humanitaria. Mi marido y yo vivíamos con un niño de 10 años, Diego, que nos habían confiado. Había padecido una parálisis cerebral al nacer y sufría las consecuencias de una ausencia total de estimulaciones cuando era un bebé.

Lo habían abandonado a los 4 meses en un hospital, que unos años más tarde lo había trasladado a un orfanato, donde vivió abandonado entre los abandonados. Permaneció 10 años en la misma cama de barrotes, de la que salía en pocas ocasiones, para el baño y las comidas. Estos cuidados, debido a la falta de medios y de disponibilidad del personal del orfanato, se le prodigaban sin delicadeza ni atención especial.

Al verse privado de las estimulaciones y el ambiente indispensables para su correcto desarrollo, Diego nunca aprendió a caminar, ni a hablar ni a ir al baño. En cierto sentido, aunque vivía entre los seres humanos, lo privaron de relaciones humanas y, por lo tanto, se parecía un poco al niño salvaje de Aveyron del que se ocupó el doctor Itard en el siglo XVIII... La ausencia de estimulaciones había sido demasiado larga, por lo que Diego nunca pudo adquirir las características de su especie: el habla, el movimiento coherente y el sentido social.

Diego descubrió las relaciones sociales en nuestra compañía, pero nunca pudo adquirir el habla ni el control de sus movimientos: no camina, no se mantiene en pie y no se alimenta. En cierto sentido, sigue teniendo, en estos aspectos, la edad a la que fue abandonado. Su motricidad y su lenguaje son los de un bebé de 6 meses.

Hemos tenido regularmente noticias suyas y volvimos a Brasil 10 años más tarde para verlo; vivía tranquilamente, pero seguía siendo totalmente dependiente. Diego debió de experimentar un sufrimiento psicológico intenso cuando era un bebé, un pequeño ser de relación privado de relación, como en prisión detrás de los barrotes de la misma cama durante 10 años...

Un periodo pasado no se recupera. Por desgracia, este ejemplo es extremo, pero muestra claramente que un periodo sensible pasado no se «recupera».

En menor medida, pude ocurrir que los niños tengan «necesidades» de estimulación para construirse y que, porque no nos damos cuenta o debido a que no nos viene bien, no los satisfacemos. A veces, incluso con la mejor voluntad del mundo. Si esto se repite, las consecuencias son deplorables.

Palabras clave

Percepción: acción de percibir el objeto que impresiona los sentidos.
Impresión: huella, marca dejada.
Mente absorbente: estado mental del niño que le permite «absorber» todo lo que lo rodea.
Periodo sensible: periodo durante el que el niño se siente atraído con una sensibilidad especial por un aspecto de su entorno, que es necesario en una etapa de su desarrollo.

El periodo sensible del orden

Algunos dudarán…: «¿Mi hijo, sensible al orden? ¡De ninguna manera, es muy desordenado!». Puede ser, pero atraviesa, o atravesó entre los 0 y los 6 años, un periodo durante el cual tiene, o tuvo, necesidad de orden. Esta necesidad es fundamental. El orden es lo que permite al niño tener una seguridad de base. El orden exterior le permite construirse un orden interior, organizar el torbellino de percepciones que colecciona a través de sus experiencias. Este periodo sensible condiciona el conjunto de la vida psíquica del niño, le permite forjarse una columna vertebral psíquica (y, por lo tanto, física) y sentirse seguro.

No se trata de ser maniático, sino de ser constante en la manera de dirigirse a un niño. Este último necesita de lo «mismo», es decir, rutina, referencias (en el tiempo, en el espacio, en la manera de ocuparse de él durante las comidas, al acostarlo, al lavarlo, al transportarlo, etcétera). No se trata de fijarlo todo, la vida sigue su curso con sus imprevistos y su espontaneidad, pero la actitud general que se tiene con el niño puede ser constante, regular.

La idea es contener al niño en un ambiente que él reconoce. Esto le permite, en un primer tiempo, distinguirse de su madre, de la que se considera indiferenciado al principio de su vida, porque la vida intrauterina los mantenía fusionados.

Hacia los 8 meses, después de un largo recorrido, el niño descubre la permanencia del objeto. Se vuelve consciente del hecho de que algo que deja de ver continúa existiendo y es distinto de él. El orden lo ayuda a superar esta etapa.

El niño vive una multitud de experiencias. La regularidad de sus percepciones lo ayuda a seleccionarlas y a organizarlas. Las referencias le permiten enraizarse en la realidad: el mismo objeto en el mismo lugar, la misma voz, el mismo perfume, la misma atención. Un entorno sensorial estable favorece el buen desarrollo psíquico del niño. Se desarrolla tranquila y serenamente.

Más tarde, el orden que reina (o no) en su entorno favorece (o no) su toma de referencias y, por lo tanto, su sensación de seguridad, así como su sensación de confianza en sí mismo y en la vida.

El periodo sensible del movimiento

«El niño se construye en el movimiento.» Esto parece a menudo asombroso para los adultos, pero ¡es indispensable! ¡El movimiento es la vida! Debe ser libre.

La particularidad del chiquitín es no poder realizar movimientos coordinados y voluntarios al nacer, contrariamente a la mayoría de animales, que son autónomos más rápidamente. En efecto, el ser humano es el único que se desplaza de pie. Es un movimiento más complejo que, por lo tanto, se adquiere de manera más progresiva, pero que le ofrece la posibilidad de utilizar las manos, valiosas herramientas de la inteligencia. La mielinización de las células del cerebro es muy activa durante los dos años que siguen al nacimiento. Durante este periodo es cuando el bebé aprende a caminar y después a correr, pasando por una sucesión de etapas que van de la parte superior a la inferior del cuerpo: sujeción de la cabeza, posición sentada y posición de pie. Una vez es capaz de caminar, el chiquitín parte, como Cristóbal Colón, ¡a la conquista de un nuevo continente! A partir de entonces, ya no es la vida psíquica la que está al servicio del movimiento, sino este último el que se utiliza para la construcción mental, lo que permite la multiplicación de experiencias.

Las estimulaciones son necesarias para el correcto desarrollo del movimiento coordinado, el «movimiento inteligente», como decía Maria Montessori, es decir, el que tiene un objetivo. El ejemplo de Diego (cf. pp. 41-42) nos muestra hasta qué punto es importante estar expuesto a la relación para coordinar los movimientos. Este niño, que nunca salió de su cama de barrotes de los 4 meses a los 10 años, no aprendió a caminar y todavía no lo consigue, a pesar de haberse ejercitado durante más de 12 años. Apenas se mantiene en pie. Un músculo no estimulado no se desarrolla, una articulación que no trabaja se suelda... Existe una interacción permanente entre la construcción del movimiento y la de la vida psíquica, una relación entre la plasticidad del cuerpo y la del cerebro.

Por eso, es esencial respetar y favorecer los movimientos de los niños, ofreciéndoles un espacio favorable para los desplazamientos y los movimientos construidos. Esto hace reflexionar sobre el uso del parque cuando solo sirve para protegerlo contra el peligro. ¿Por qué no preparar un espacio más amplio que un parque de un metro cuadrado? Es posible habilitar un espacio seguro más grande, que evolucione con el niño.

Para Maria Montessori, «el ser humano se construye a sí mismo para poseerse y dirigirse él mismo. Así pues, vemos al niño moverse continuamente; en efecto, tiene que construir la acción paso a paso, en relación con la mente. Mientras que el adulto actúa movido por el pensamiento, el niño se mueve para construir en la unidad el pensamiento y la acción [...]. Por consiguiente, los que impiden moverse a los niños obstaculizan la construcción de su personalidad».[5] Estimular el movimiento no significa que se enseñe, sino que se respete el movimiento libre, porque desplazándose sin restricciones es como el niño se vuelve prudente y capaz de caerse sin riesgo, mientras que el niño con los movimientos limitados porque está exageradamente protegido se pone más fácilmente en peligro, es menos consciente de los riesgos y de sus limitaciones.

El periodo sensible del lenguaje

Tout est langage (Todo es lenguaje) es el título del famoso libro de Françoise Dolto. El periodo sensible del lenguaje es esencial. Empieza antes del nacimiento. El niño no viene al mundo con el lenguaje, sino con el mecanismo de creación del lenguaje, si está expuesto a él. En el vientre de la madre, el niño reconoce ya las voces de su entorno, percibe las entonaciones, las melodías y los matices. Existen tres etapas en la sensibilidad al lenguaje:

- La primera se extiende de la vida prenatal a la pronunciación de las primeras palabras.

5. *L'Enfant dans la famille*, Desclée de Brouwer, 2007, cap. 11.

- La segunda va de la adquisición del lenguaje hablado a la del lenguaje escrito y leído (sensibilidad a la representación simbólica de los sonidos).
- La tercera es una sensibilidad a la gramática (sensibilidad a la naturaleza de las palabras, a su función y a la estructura de las frases).

Estos tres ciclos son progresivos y explosivos. El niño absorbe el lenguaje hablado poco a poco y un día, ¡habla! Después, el discurso se perfecciona. Se prepara para la escritura y la lectura durante años y un buen día, ¡descifra una palabra! Escribe otra… y el proceso se desencadena. Lo mismo ocurre con la gramática. En los tres casos, después de una larga maduración, a veces secreta, se produce el cambio.

También en este caso, la estimulación es indispensable. El animal pequeño se comunica desde el nacimiento, pero el ser humano pequeño debe apropiarse del lenguaje. Si no se expone a él, como el niño salvaje de Aveyron, nunca aprenderá a hablar. Las cuerdas vocales, el oído, todas las actividades que implica el lenguaje deben ejercitarse durante el periodo sensible del lenguaje. El triste experimento que realizó el emperador Federico II en el siglo XII da testimonio de ello. Hablaba corrientemente más de seis lenguas e intentó descubrir cuál era la lengua «natural» del ser humano. Contrató nodrizas para que se ocuparan de seis bebés sin hablarles nunca, pensando que surgiría espontáneamente EL lenguaje original. Suponía que sería el latín o el griego. Pero sumir a estos lactantes en un silencio absoluto los condujo a todos a una muerte precoz. La comunicación condiciona la vida, el lenguaje estructura la vida psíquica del individuo.

Hacia los 12 meses, el niño dice frases compuestas por una sola palabra que corresponde a una situación. Sus familiares lo comprenden bien, pero no los desconocidos. Entre los 12 y los 20 meses, sigue con sus frases-palabra, pero estas palabras corresponden a varias situaciones. Después, aparece la frase de dos palabras, seguida de la de tres palabras, que facilita el diálogo. Hacia los 2 años, el niño controla al menos doscientas palabras en la mayoría de los casos, algunos niños muchas más. A partir de entonces, las frases se alargan. El niño habla de sí mismo diciendo «bebé», después dice su nombre, hasta que se asiste a la aparición del «yo» evocado anteriormente, ¡signo del nacimiento de una nueva persona consciente de su individualidad! También en este caso, por supuesto, algunos niños lo hacen más pronto.

El niño construye su lenguaje en la relación con el otro. Absorbe la lengua que se habla a su alrededor fácilmente, tanto si la lengua es simple como compleja, aunque el vocabulario sea rico. Si existen varias lenguas en su entorno, ¡absorbe varias!

El lenguaje, en un primer tiempo, no se enseña, se desarrolla. Su adquisición tiene lugar por fases. El hecho de señalar, una de estas etapas, es una característica humana que corresponde a un auténtico proceso de comunicación. El niño empieza por nombrar lo que ve. Más tarde, cuando el objeto está ausente y ha comprendido el concepto de permanencia del objeto, el niño lo nombra para evocarlo. El lenguaje se desarrolla entonces y permite al niño nombrar lo que está ausente. Cualquier elaboración del lenguaje es una construcción simbólica que representa lo ausente. El distanciamiento operado por el niño respecto al objeto le permite representárselo y nombrarlo. Las palabras están en la base de la actividad mental. El pensamiento se desarrolla gracias a las palabras.

Es esencial exponer al máximo y lo mejor posible a los niños al lenguaje y asociarlos a las relaciones: hablar al bebé describiéndole lo que pasa, ponerlo todo en palabras, sin dudar en describirle cada una de nuestras acciones. «Te cambio el pañal, te ayudo a ponerte la manga, te ayudo a ponerte el pantalón, la pernera derecha, después la izquierda, sale el pie… Te pongo un calcetín…» Nombrar, describir, comentar imágenes, objetos, escenas, leer libros, contar historias, cantar, conversar empleando palabras precisas, un vocabulario variado, hacer descripciones detalladas, incitar al niño a narrar un acontecimiento, nombrar los objetos sin tener miedo de las palabras complicadas, expresar los sentimientos e invitar al niño a hacerlo son ocasiones de lenguaje que hay que multiplicar. Es conveniente, para respetar el periodo sensible del lenguaje, no exigir demasiado el silencio sin razón. Todo esto desde la más tierna infancia, porque el niño comprende siempre más de lo que se cree.

El periodo sensible del refinamiento sensorial

El niño multiplica las experiencias. Sus sentidos son como claves de lectura que le permiten captar el mundo. Pero las sensaciones y las impresiones son innumerables y muy variadas. Hasta aproximadamente los 6 años, aunque no cesa en este momento, el niño afina sus percepciones. Las reagrupa, las selecciona, las nombra y las clasifica. Sus percepciones son cada vez más sutiles. Nombrar las impresiones permite al niño conceptualizarlas y, por ello, controlarlas mejor. El refinamiento de los sentidos va a la par del de la inteligencia. Este trabajo es esencial. Cuanto más estimule el medio, mejor se desarrollan los sentidos. Son numerosas las actividades lúdicas que permiten al niño clasificar sus percepciones: juego de asociaciones, de diferenciación, de gradación, de discriminación… Es bueno multiplicar las experiencias sensoriales que ofrecen el mundo al niño desde la más tierna edad (cf. p. 187).

El periodo sensible de los pequeños objetos

Aunque siempre nos da miedo que se los traguen, ¿cómo no darse cuenta de la atracción constante y especial que los niños sienten por los pequeños objetos? Este gusto por las miniaturas tiene relación con el refinamiento y la precisión de la agudeza sensorial. Es, pues, deseable ofrecérselos a los niños, pero ¡bajo vigilancia, por supuesto! A los niños les gusta observar las semillas, las plantas minúsculas, las figuritas, las conchas ¡e incluso las migas de pan! Todo lo que es microscópico los atrae.

El periodo sensible de la vida social

El ser humano es un ser eminentemente social. No vive solo de las necesidades biológicas. Tiene una gran necesidad de relaciones con sus semejantes. Para sobrevivir, pero también para crecer bien, el chiquitín necesita del otro, necesita relacionarse regularmente con los demás. Es extremadamente dependiente de los adultos al principio de su vida y lo sigue siendo durante largo tiempo, aunque de manera decreciente.

Durante su primer año, el niño se distingue de su madre. Después, progresivamente, toma conciencia de su individualidad. Se afirma entre los 2 y los 3 años y empieza a hablar de sí mismo en tercera persona. Alrededor de los 6 años, después de haber tomado conciencia de sí mismo, el niño toma también conciencia de los demás. Después de haber recibido mucho, está listo para dar. Se dirige entonces hacia los demás de una manera nueva, intentando ser útil. Durante esta evolución, el niño necesita tener confianza, en especial durante la primera infancia.

Estos periodos sensibles ayudan al niño a construirse. Maria Montessori habla de ello como de «accesos de energía creadora internos», que permiten al niño aprender según un proceso natural si no se frustran. Maria Montessori llamaba «Horme» a la fuerza vital que da al niño la voluntad inconsciente de elegir lo que es bueno para él en su entorno, como si obedeciera a un «maestro interior» que lo guía. Con esta información, es más fácil identificar los impulsos que suscitan los periodos sensibles en los niños y ayudarlos a sacar provecho de ellos para aprender fácilmente y desarrollarse armoniosamente. Para ello, es necesario proporcionarles la estimulación adecuada en cada etapa. La estimulación desencadena la «puesta en funcionamiento» de los órganos. Si no se produce, pueden aparecer trastornos psicológicos (sueño-refugio, pesadilla, regresión, etcétera).

La concentración

El niño necesita concentrarse para desarrollarse. Y no a la inversa. A menudo, se dice de un niño que es demasiado joven para concentrarse. Pero, al observar a un recién nacido, se constata rápidamente que con frecuencia da muestras de una concentración intensa. En efecto, la concentración es generada por la actividad.

Así que intentemos no interrumpir a un niño concentrado más que en caso de fuerza mayor, porque un niño absorbido por una actividad es un niño que se está construyendo mentalmente, está estructurando su pensamiento. Experimenta, siente y después organiza sus percepciones.

El sueño también es un momento esencial para el trabajo de clasificación de las percepciones. Por eso, es mejor evitar, en la medida de lo posible, despertar a un bebé que duerme.

El punto de partida de todo es el interés del niño. Cuando el niño se siente atraído por una actividad, centra su atención en ella, repite la actividad varias veces y se concentra. Esta concentración es el signo exterior de su trabajo interior: el niño se construye psíquicamente en la actividad.

Interés → Atención → Repetición →
Concentración → Construcción interior

«La clave de toda la pedagogía se encuentra, sin duda, en esto: saber reconocer los valiosos instantes de la concentración para utilizarlos en el aprendizaje [...]. Solo hay una manera de enseñar: suscitar en el estudiante el interés más profundo, al mismo tiempo que una atención viva y constante. Por lo tanto, solo se trata de eso: utilizar la fuerza interior del niño para su propia educación. ¿Es posible? No solamente es posible, incluso es necesario. La atención necesita, para concentrarse, estimulaciones progresivas. Al principio, se trata de los objetos fácilmente reconocibles por los sentidos», explica Maria Montessori en *L'Enfant dans la famille*. También decía: «El primer camino que el niño debe encontrar es el camino de la concentración».

Las tendencias humanas

«Este acceso irresistible, que une al niño a las cosas durante los periodos sensibles, es un amor por el ambiente. No es un amor en el sentido en que se emplea comúnmente para expresar un sentimiento emotivo, sino que es un amor de la inteligencia que ve, absorbe y se construye amando. Esta guía, que fuerza a los niños a observar, se podría designar con una expresión dantesca: "la inteligencia del amor".»

El niño, MARIA MONTESSORI

El ser humano tiene tendencias, es decir, instintos, que influyen en su comportamiento y le dan impulsos inherentes a su especie (reflejos de autodefensa y de supervivencia, por ejemplo). Los animales actúan mucho más según sus instintos que el ser humano y de manera innata (por ejemplo, las migraciones). Los seres humanos tienen menos instintos. Al nacer, el chiquitín no está predeterminado. El medio en el que vive es lo que ejercerá sobre él una influencia y le hará desarrollar instintos y reflejos. En cambio, el ser humano tiene numerosas tendencias. Algunas de ellas son innatas, se transmiten genéticamente, y otras son adquiridas. Maria Montessori habló mucho de ellas, pero fue sobre todo su hijo Mario quien recuperó y desarrolló sus reflexiones sobre el tema listando y clasificando estas tendencias humanas. Las principales tendencias son: la vida activa (o trabajo de transformación de su entorno), la orientación, la exactitud, el lenguaje y la comunicación, la vida en grupo, la exploración, la observación, la abstracción, el perfeccionamiento de uno mismo, la imaginación, el orden y el espíritu matemático, la repetición, la adaptación, la búsqueda de comprensión y, finalmente, la elevación espiritual y la orientación moral. Todas estas tendencias deben tenerse en cuenta cuando se educa a un niño, porque es conveniente que su entorno responda a estas tendencias para asegurar su desarrollo.

Testimonio sobre las tendencias humanas

Hadrien Roche, educador AMI 6-12

Cuando Maria Montessori termina sus estudios de Medicina *stricto sensu* para interesarse por la educación, aborda una gran cantidad de temas en su segunda vida universitaria, incluida la antropología y la zoología.

Se interesa por el desarrollo y el tema de los instintos la fascina. El hecho de que la mayoría de los animales tengan comportamientos ya inscritos en su biología le plantea preguntas sobre la parte innata en el ser humano. La araña nace sabiendo tejer su tela, la joven cobra sabiendo cazar, pero ¿cuál es la herencia del ser humano?

Ella observa que, si bien el ser humano nace sin instintos, puesto que el recién nacido entregado a su suerte muere, sí tiene la capacidad de aprender en función de su entorno. El ser humano nace sin lenguaje, pero con la capacidad innata de adquirir un lenguaje, sea el que sea. De la misma manera, adquirirá una forma de moverse en su entorno inmediato, de utilizar objetos de la vida cotidiana y de integrar los códigos sociales de su grupo. Es lo que la doctora Montessori describe como el proceso de adaptación, a través de lo que llama los «*nebulae*», los potenciales que se harán realidad en función del entorno del niño.

Por extensión, siguiendo la idea de programación biológica que se hará realidad en función del entorno, Maria Montessori, pero sobre todo su hijo Mario, teorizan sobre la idea de las tendencias humanas, es decir, de los comportamientos que se observan en todos los seres humanos, de manera universal, sea cual sea la época o el lugar, y que permiten al ser humano responder a sus necesidades fundamentales. Estas tendencias emergen de la interacción entre esta programación para aprender y la naturaleza de los entornos.

No existe una lista formal ni exhaustiva de estos comportamientos observables en casi todos los seres humanos, que aseguran su supervivencia como individuos y como especie, desde que el *Homo sapiens* salió del valle del Rift etiópico.

Esta es una posible lista:

- **Tendencia a la vida social:** los seres humanos se comunican gracias al lenguaje y crean, cuando se asocian, una cultura común formada por códigos sociales, relatos, creencias y ritos. Esta tendencia se manifiesta también por la capacidad de cuidar unos de otros, la empatía y el amor.

- **Tendencia a la orientación y la exploración:** primero físicamente, los seres humanos toman referencias e intentan adquirir un saber, controlar su entorno inmediato y después cada vez más lejano. Mentalmente, se trata de la tendencia a intentar comprender, a explorar nuevas ideas.
- **Tendencia a observar, razonar y abstraer:** todas las sociedades desarrollan una forma de pensamiento matemático y el cerebro humano es una máquina de generar causalidad. Observamos, clasificamos, buscamos las relaciones de causa y efecto y las categorías e inducimos y deducimos de manera completamente instintiva.
- **Tendencia al trabajo y a la imaginación creativa:** los seres humanos son «hacedores», confeccionadores. Mientras que numerosos animales, una vez satisfechas sus necesidades esenciales, descansan, el ser humano actúa. Ante un problema, intentará fabricar nuevas herramientas, nuevas soluciones. Es extremadamente creativo.
- **Tendencia a la mejora personal mediante la actividad:** de manera innata, los seres humanos repiten y se perfeccionan. El júbilo que se puede sentir con el cumplimiento de una tarea hace que exista una búsqueda de exactitud, un deseo de perfeccionar su talento, su obra.

Estas nociones son también pertinentes en las clases Montessori. Durante 200.000 años, los seres humanos vivieron en un mundo muy diferente del nuestro. Si tenemos la pretensión de ser una auténtica ayuda a la vida, si intentamos crear entornos adaptados a la naturaleza profunda de los niños, debemos tener presentes estas tendencias como una tabla de lectura de los comportamientos de los niños y también como herramientas para fijarse objetivos en la preparación de nuestras clases y de los entornos ofrecidos a los niños.

Nos interrogamos sobre esto: ¿el entorno preparado que ofrezco a los niños favorece el trabajo? ¿La repetición? ¿La vida social? ¿La exploración? Si, cuando observo, una o varias de estas tendencias no se manifiestan, ¿qué puedo mejorar en este entorno?

A la escala de nuestra evolución biológica, abandonamos nuestras cuevas hace muy poco tiempo y, si queremos ser una ayuda para el desarrollo, debemos aceptar y acompañar esta herencia genética en nuestros hijos. Nuestro objetivo no es la clase siguiente o el establecimiento escolar siguiente, sino la vida que se manifiesta en cada uno de ellos.

Las etapas del desarrollo

El desarrollo del niño no es lineal, se produce por saltos. Maria Montessori distinguió cuatro periodos de crecimiento:

- La primera infancia (de 0 a 6 años).
- La infancia (de 6 a 12 años).
- La adolescencia (de 12 a 18 años).
- La madurez (de 18 a 24 años).

En el límite de cada uno de estos periodos, se encuentra un nuevo niño, con nuevas necesidades. Maria Montessori recomendaba la adaptación del sistema educativo a estas etapas.

Figura 1: El ritmo constructivo de la vida

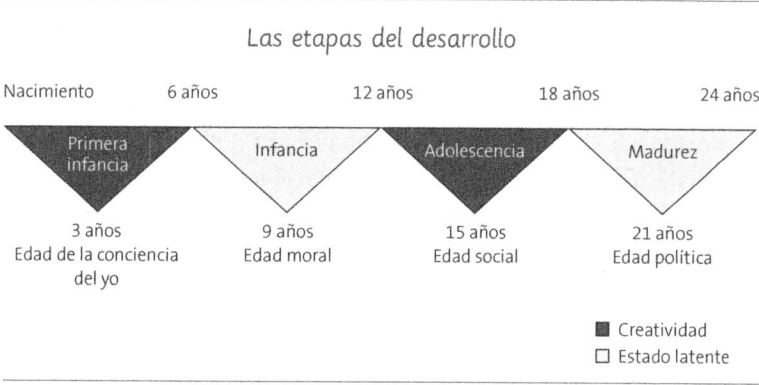

Las etapas del desarrollo

| Nacimiento | 6 años | 12 años | 18 años | 24 años |

| Primera infancia | Infancia | Adolescencia | Madurez |

| 3 años | 9 años | 15 años | 21 años |
| Edad de la conciencia del yo | Edad moral | Edad social | Edad política |

■ Creatividad
☐ Estado latente

Versión hecha por Plataforma Editorial

Representaba las etapas de desarrollo en forma de dos gráficos. El primero, llamado el gráfico de los «ritmos constructivos de la vida», es muy geométrico y simétrico; el segundo, más simbólico, representa un «bulbo».

Lo que intentan ilustrar estas representaciones es que el desarrollo del ser humano no es lineal, contrariamente a lo que se pensaba entonces. No existe un aumento gradual de las capacidades del niño, sino un ciclo de transformaciones que Maria Montessori consideraba incluso como metamorfosis, nuevos nacimientos, tanto físicos como psíquicos. Existen varios periodos fundadores en la construcción del individuo. Estos periodos se suceden y cada uno prepara para el siguiente. Hay paralelismos entre ciertos periodos, en especial entre la primera infancia y la adolescencia, que se consideran como los dos más importantes en la construcción de la personalidad. Estos dos periodos son los más funda-

Figura 2: El bulbo

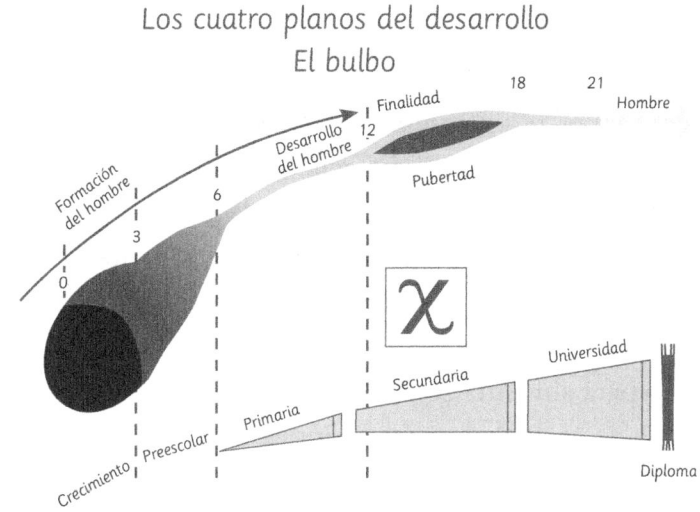

Los cuatro planos del desarrollo
El bulbo

Versión hecha por Plataforma Editorial

mentales en términos de transformaciones físicas y psicológicas. El niño multiplica las conquistas en estos momentos. El bulbo, a la vez que muestra los puntos comunes a estos dos periodos, señala mejor sus diferencias que la representación triangular. Se observa claramente que la primera infancia todavía es más esencial: una especie de reservorio del que la persona extrae recursos para la vida. La parte negra, que representa la vida intrauterina, también tiene mucha importancia, a pesar de la parte de misterio que la caracteriza. La parte gris oscura simboliza una creatividad constitutiva del ser y la gris verde un crecimiento más tranquilo.

La primera infancia

Durante los nueve meses que el niño pasa en el vientre de su madre, vive en simbiosis con ella, después, de repente, nace. Para él, es un cambio de atmósfera. Pasa de un mundo a otro. Pasa de un medio acuático a un medio aéreo. Todas sus percepciones cambian: las de la luz, los sonidos y los contactos físicos. Todo es más directo, más intenso. En el seno materno, todo era más tamizado, como filtrado. Debe abandonar cierta pasividad: para vivir, ahora tiene que ser activo para alimentarse y respirar. De esto ya no se ocupa el cuerpo de su madre, ya no es uno con ella.

Sin embargo, «el pequeño, fuera del cuerpo materno, todavía no está separado de él», escribe Maria Montessori en *La mente absorbente del niño*. Necesitará años para construirse como individuo. Su identidad se construye poco a poco hasta el día en que dice: «yo», «mí», entre los 2 y los 3 años. Después, se consolida de los 3 a los 6 años. El individuo SE construye.

El bebé, al nacer, es un ser humano en evolución, vulnerable y dependiente. Pero ya es una persona en toda regla y tiene una misión: ¡construirse! Es el actor de su propio desarrollo. Aprende sin cesar, en la interacción con los demás y con su entorno. Por medio de la experiencia sensible, desarrolla su inteligencia. Es el momento en que organiza el movimiento, el lenguaje, las sensaciones y las percepciones. Se construye como individuo, pero también como ser social, adoptando todas las características de su medio y de su

Figura 3: La primera infancia

Adquisición de las características humanas y construcción de la personalidad

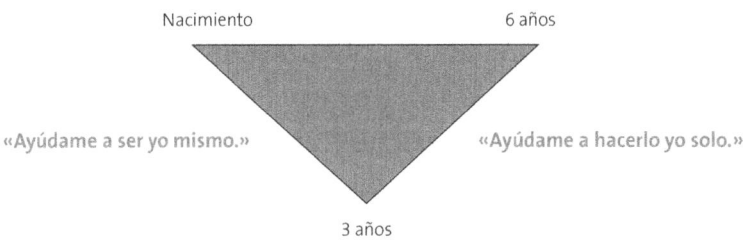

Nacimiento   6 años

«Ayúdame a ser yo mismo.»   «Ayúdame a hacerlo yo solo.»

3 años

Necesidad de protección y de puntos de referencia	Necesidad de orden
Periodos sensibles	Periodos sensibles
Mente absorbente inconsciente	Mente absorbente consciente
Construcción de movimientos coordinados	Refinamiento de movimientos inteligentes (mano)
Absorción de imágenes	Organización de experiencias sensoriales
Desarrollo del lenguaje	Aprendizaje de la escritura y de la lectura
Descubrimiento de su entorno	Desarrollo social
Camino hacia la independencia	Ejercicio de la voluntad y de la autonomía
Toma de conciencia de su individualidad	Desarrollo de la autodisciplina

Explorador sensorial y observador apasionado que busca responder a las preguntas: ¿Qué es? ¿Cómo se hace?

Versión hecha por Plataforma Editorial

tiempo. La mente absorbente y los periodos sensibles caracterizan esta etapa de la primera infancia.

Maria Montessori consideraba que había tres periodos embrionarios:

- El embrión físico antes del nacimiento.
- El embrión psíquico o «mental» de 0 a 3 años.
- El embrión social de 3 a 6 años.

Según ella, el periodo de 0 a 3 años es el más importante para el correcto desarrollo del niño y el más delicado para el adulto. En efecto, los modos de comunicación del niño y el adulto son ahora muy diferentes. El niño tiene muchas necesidades que expresa… ¡a su manera! Y el adulto a veces tiene dificultades para descodificar. Por su parte, el adulto utiliza el lenguaje hablado para comunicarse con el niño, pero habla sin saber demasiado si se le comprende bien…

El niño de 0 a 3 años y el adulto también tienen ritmos biológicos muy diferentes. Y el adulto no para de intentar adaptar el del niño al suyo para poder dormir, gestionar su tiempo como antes… Es un periodo delicado. Pero cuanto más disponible está el adulto, cuanto más intenta descifrar el lenguaje del bebé y respetarlo, mejor es la calidad de su relación. Cuanto más se centra el adulto en el niño, más presente está este en la relación. La relación se vuelve más fácil. Esto favorece el correcto desarrollo del pequeño, a su ritmo, que le es propio.

Físicamente, el niño pequeño se transforma, sobre todo entre los 0 y los 3 años. Su cerebro triplica el volumen. Maria Montessori hablaba de «embrión psíquico» al describir este periodo, porque el niño pequeño consolida progresivamente su columna vertebral psíquica.

El nacimiento es una separación. La multiplicación de experiencias positivas y tranquilizadoras permite al niño vivir bien esta metamorfosis. De ahí la importancia capital de los cuidados y las relaciones. De su calidad y su constancia, dependen la confianza en sí mismo y la confianza en la vida.

El desarrollo del niño

Durante la primera infancia es cuando se funda la confianza básica, garantía del equilibrio psicológico a muy largo plazo. Las etapas de desarrollo entre 0 y 3 años se presentan de forma profunda en el libro *Montessori de la naissance à 3 ans, apprends-moi à être moi-même* (Eyrolles, 2016).

La infancia

Es un periodo más tranquilo, tanto en el aspecto físico como psíquico. El niño consolida sus aprendizajes anteriores. Se descentra de sí mismo y se vuelve hacia el amplio mundo. Pasa del «yo» al «nosotros». A los 6 años, es un «recién nacido social», está cada vez más abierto a los demás. Se desarrolla su curiosidad intelectual, se hace preguntas, intenta comprender, observa un horizonte cada vez más amplio. Ha pasado de la exploración de su pequeño entorno a la del universo.

La infancia es también el periodo del desarrollo de la abstracción. La multiplicación de las experiencias concretas permite al niño captar la realidad de manera más conceptual.

Finalmente, es también el momento del desarrollo del sentido moral. El niño intenta distinguir el bien del mal. Adopta su cultura e integra los valores del medio en el que crece. Al mismo tiempo, es un periodo favorable para el desarrollo de la imaginación, porque ahora está bien anclado en la realidad.

Figura 4: La infancia

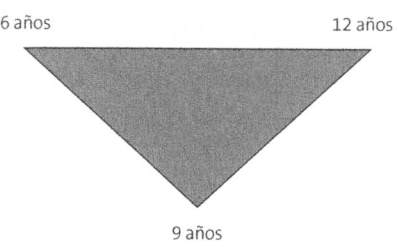

6 años   12 años

9 años

«Ayúdame a pensar por mí mismo.»

Desarrollo de la conciencia social (necesidad de vivir en grupo)
Desarrollo de la conciencia moral (sentido de la justicia)
Desarrollo de la imaginación (capacidad de representarse lo ausente)
Desarrollo de la capacidad de abstracción
Desarrollo del razonamiento
Exploración de un universo cada vez más grande

Explorador cultural:
¿Por qué? ¿Cómo?

Versión hecha por Plataforma Editorial

La adolescencia

La adolescencia es un periodo de gran transformación física. El cuerpo del niño se convierte progresivamente en un cuerpo de adulto. Lo mismo ocurre con su vida psíquica. El adolescente ya no es un niño, pero todavía no es un adulto. Va en busca de una nueva identidad. Después de haber adoptado los valores del medio, los reconsidera y los cuestiona. Puede rechazarlos para siempre o por un tiempo. A menudo, es un tiempo de conflictos o, en cualquier caso, de reivindicaciones. Se trata de un periodo de crisis en el sentido etimológico del término, que viene del griego *krisis*, que significa separar, distinguir, en otras palabras, «realizar elecciones». No se trata necesariamente de una crisis en el sentido habitual de tensiones y dificultades. Es una etapa bastante agitada, porque resulta difícil renunciar a la comodidad de la infancia. Sin embargo, el adolescente cada vez tiene más sed de autonomía. Es como una nueva infancia, pero esta vez se trata de un nacimiento social.

Figura 5: La adolescencia

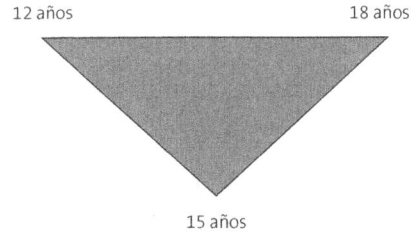

12 años   18 años

15 años

«Ayúdame a vivir con los demás.»

Grandes cambios físicos y psicológicos
Gran sensibilidad hacia los demás y hacia las grandes causas
Necesidad de encontrar su lugar y de sentirse considerado
Instinto gregario y sensibilidad hacia los demás (vulnerabilidad)
Necesidad de sentirse autónomo y capaz de producir
Necesidad de libertad y de límites

**Explorador humanista y social que busca responder a la pregunta:
¿Quién soy?**

Versión hecha por Plataforma Editorial

Es una etapa ambigua durante la cual el individuo busca límites, prueba, como el niño pequeño entre 0 y 3 años. Intenta comprender el sentido de la vida y elegirse una identidad. Al adolescente, a menudo le gusta pertenecer a un grupo. Maria Montessori recomendaba ofrecerle en este periodo una gran independencia, una buena calidad de presencia y un contacto esencial con la naturaleza. Es conveniente que tengan también buenos modelos con los que identificarse. Estos modelos no siempre son familiares.

Esta etapa de mutación es natural e incluso deseable; en efecto, para ser adulto es necesario que el niño se separe de sus padres para convertirse en él mismo.

La madurez

Es la etapa de la separación. El individuo ya no es un adolescente que busca, ya no queda nada de la infancia. La independencia es real. El joven adulto ha tomado conciencia de su persona y de la sociedad. Es autónomo y capaz de adquirir responsabilidades. Maria Montessori observaba y escribía a principios del siglo xx. Sin duda, en nuestros días, la entrada en la edad adulta empieza un poco más tarde. Pero esto depende de para quién.

Conocer las etapas del crecimiento permite responder mejor a las necesidades psíquicas del niño en desarrollo. De esta manera, lo acompañamos en la toma de conciencia de sí mismo y en la construcción de su personalidad.

Lo que conviene recordar

- La **mente absorbente** es, según Maria Montessori, la principal característica del niño: la de absorber todo lo que lo rodea. Este estado mental le permite asimilar sus experiencias y construirse integrándolas. Progresivamente, se vuelve consciente a partir de los 3 años. El niño construye, pues, su personalidad en función de lo que le ofrece y lo que le niega su entorno.

- Los **periodos sensibles** son predisposiciones interiores que empujan al niño a centrarse en un aspecto de su entorno que, en ese momento, es necesario para su desarrollo. Se trata de sensibilidades particulares y pasajeras. Los principales periodos sensibles son:
  - El periodo sensible del orden.
  - El periodo sensible del movimiento.
  - El periodo sensible del lenguaje.
  - El periodo sensible de las sensaciones.
  - El periodo sensible de los pequeños objetos.
  - El periodo sensible de la vida social.

- Maria Montessori distinguió **cuatro periodos de crecimiento**:
  - La primera infancia (de 0 a 6 años).
  - La infancia (de 6 a 12 años).
  - La adolescencia (de 12 a 18 años).
  - La madurez (a partir de 18 años).

Testimonio de una antigua alumna escolarizada en una escuela Montessori

Alice, artista pintora

Desde preescolar hasta el final de primaria, estuve en una escuela Montessori. Cuando hoy pienso en ello, sé que aquello participó en mi construcción interior y en mi manera de ver las cosas.

Lo que recuerdo es una voluntad de ver en cada uno a una persona singular con cualidades, incluso y sobre todo si esta persona es diferente. Las cualidades de cada uno no se encuentran donde se las espera y sobre todo no donde la sociedad las exige. Hay que hacer evolucionar la propia vida en función de quién se es.

Recuerdo también que no hay que aprender nada si no se comprende y se siente.

Creo que también recuerdo una gran libertad y una apertura al mundo artístico, que no forzosamente se habría manifestado si hubiera seguido un curso clásico.

Finalmente, lo esencial es que estoy convencida de que este enfoque ha salvado la estima que tengo por mí misma y mi confianza en mí.

3.
Los principios de la pedagogía
Montessori entre 3 y 6 años

«Ayúdame a ser yo mismo», esto favorece mi autoestima, nos decía el niño desde el nacimiento hasta
los 3 años.

«Ayúdame a hacerlo solo o ayúdame a actuar por mí
mismo», esto favorece mi confianza en mí mismo,
nos dice ahora, de los 3 a los 6 años.

«Ayúdame a pensar por mí mismo», nos dirá a partir
de los 6 años.

En los tres casos, el *leitmotiv* de Maria Montessori para responder a estas necesidades evolutivas del niño es confiar en
él. Esto significa acompañar a cada niño con la seguridad de
que es capaz de construirse él mismo, sin olvidar nunca que
cualquier ayuda inútil puede convertirse en un obstáculo
para su desarrollo natural y armonioso.

La libertad

«No se trata de abandonar al niño a sí mismo para que haga lo que quiera, sino de prepararle un medio donde pueda actuar libremente.»

Prefacio de *El método de Pedagogía científica*,

MARIA MONTESSORI

El concepto de libertad es esencial en el pensamiento de Maria Montessori. Está convencida de que el niño lleva en sí mismo su proyecto, su propio esquema de desarrollo, que solo se puede realizar si evoluciona libremente, si elige sus actividades respondiendo a una intuición. Esta elección libre de la actividad solo se puede llevar a cabo en un marco adecuado. Para ello, el entorno debe prepararse cuidadosamente.

No se trata de una libertad total, sin límites, sino de una libertad que se construye progresivamente en cada niño. Esta libertad interior, que es el objetivo de la educación, se desarrolla en un marco indispensable, un marco flexible y adaptable a cada uno, pero un marco firme. Ofrecer libertad sin marco sería peor que la ausencia de libertad. El niño que puede hacer todo lo que quiere no es libre. Está encerrado en la soledad. El niño libre es el que evoluciona a su manera en un ambiente que lo contiene gracias a unos límites. Se trata de ayudar al niño a ser autónomo y responsable de sus actos, no de dejárselo hacer todo y cualquier cosa. Es esencial respetar las reglas. Para ello, estas reglas deben enunciarse claramente y permanecer estables. Se trata de recordar constantemente al niño que la libertad de cada uno se detiene donde empieza la de los demás.

Dejar al niño libre no significa tampoco decir que no se elige nada para él. El niño solo puede desarrollarse positivamente si se encuentra contenido por una mirada, una atención, un proyecto que se tiene para él. El objetivo de la educación es ayudar al niño a ser autónomo e independiente. Para ello, es necesario haber sido dependiente. En efecto, durante el periodo en que el niño ha dependido de un adulto, o de varios, se ha creado un vínculo entre ellos, una base de seguridad sobre la cual el niño sabe que puede apoyarse. El niño sabe después que siempre podrá contar con esta persona, o con otra. Sabe que puede tener confianza en el otro y en la vida. Esta seguridad es lo que le da la fuerza de ser autónomo. La independencia se sitúa entre la soledad y la dependencia. Se trata de encontrar el equilibrio. Así pues, el niño debe aprender eligiendo libremente sus actividades de desarrollo. Por eso, ella favoreció el concepto de libre elección de la actividad en su pedagogía. El ejercicio que consiste en elegir y, por ello, en renunciar a otra cosa desarrolla la voluntad del niño. Esta es propicia a la disciplina interior, que conduce a la libertad interior.

> Libre elección de la actividad → Ejercicio de la voluntad →
> Autodisciplina → Libertad interior → Felicidad

Esta libertad, delimitada por reglas, parece inmensa si se compara con la que tienen los niños de ciertas escuelas tradicionales. La clase Montessori es, pues, un lugar de vida favorable para los desplazamientos y los intercambios verbales, así como para las iniciativas, en la medida en que se respeta el ambiente de trabajo, por supuesto.

La libre elección de la actividad y de su duración

El material de desarrollo, que llamamos comúnmente el «material Montessori», se encuentra en la clase, al alcance de los niños, que eligen su propia actividad en la estantería, según una motivación interna y según sus periodos sensibles: no todos tienen las mismas necesidades en el mismo momento. La posibilidad de elegir una actividad y practicarla tanto tiempo como quieran permite a cada niño satisfacer sus «necesidades de aprender». ¡Se observa a unos buscar o vacilar antes de elegir un trabajo y a otros que saben exactamente lo que quieren hacer, que llegan por la mañana y se dirigen directamente hacia una actividad que han elegido antes de llegar! Esto depende de las horas o de los días, también puede depender de los niños o de su estadio de desarrollo...

Los niños pueden realizar el trabajo elegido durante el tiempo que quieran. La regla de oro es devolver siempre la actividad a su lugar inicial y nunca tomar una si no se ha encontrado en su lugar. Aunque parezca que nadie la utiliza en una mesa. El niño que la está utilizando quizá se haya ausentado un momento.

La libertad de elección del material está limitada por una sola restricción: hay que haberla «visto» una vez con el educador para tener derecho a tomarla. Porque, salvo excepciones, es necesaria una presentación para utilizarla bien. Una vez que se ha presentado el material, el niño es libre de explorarlo a su manera, siempre que lo respete. Observemos que el material a veces puede ser «presentado» por otro niño.

La libertad de comunicar

Los niños pueden hablar libremente en la clase, pero en voz baja, porque no deben molestar a los demás. Los niños no deben interrumpir a un niño concentrado, ni siquiera al educador cuando está presentando una actividad a otro. Para indicar que quiere hablar con el educador, se le crea la costumbre de colocar suavemente una mano en el hombro de este último. El educador se volverá hacia el niño cuando le sea posible, cuando esté realmente disponible. Los niños son muy sensibles a estas marcas de cortesía y de respeto por los demás.

La libertad de movimiento

En el ambiente montessoriano, el niño puede desplazarse como le parezca bien, pero sus movimientos deben ser controlados y silenciosos. Ha aprendido a llevar una silla o incluso a desplazar una mesa haciendo el menor ruido posible. No camina sobre las alfombras de trabajo que delimitan un espacio reservado. Cierra las puertas suavemente y deposita el material con cuidado. ¡Incluso camina de puntillas para no hacer ruido! Gracias a esta libertad de movimiento, el niño se estructura. Controla sus movimientos y, por ello, se controla, se disciplina en la concentración. Plantea sus actos y se construye. Maria Montessori hablaba de «movimiento inteligente».

Es posible oír volar a las moscas en una clase Montessori, a pesar de la gran libertad que se ofrece a los niños. Porque su disciplina viene del interior. Se ven a menudo clases tradicionales muy silenciosas y controladas por su profesor, pero con frecuencia se producen jaleos en cuanto este debe ausentarse un momento.

La autodisciplina

Es un principio fundamental en la pedagogía Montessori, que va a la par con el concepto de libertad. La disciplina debe venir del interior para ser real.

El control del error que viene del exterior genera pasividad y crea una dependencia. Es mejor que el niño no se acostumbre a ser corregido por otro. Esto puede volverlo pasivo. Se observa a menudo, en las clases tradicionales, a los niños que esperan e incluso hacen cola en fila india para ser corregidos. Esto les hace perder el tiempo y rompe su ciclo de actividad. Mientras que una autocorrección los mantendría activos y estimularía su trabajo.

Además, las observaciones escritas con tinta roja permanente pueden dejar huellas en la autoestima o hacer mella en la confianza en sí mismo del niño, sobre todo si se ha aplicado mucho. Tanto más cuanto que no se trata de obtener un «bien» o un «mal». Se trata de ejercitarse, de perfeccionarse. Es cierto que se puede señalar un error (a veces), pero es mejor hacerlo oralmente o con un lápiz y dejar al niño la libre elección de tachar o no. La tachadura no es necesaria. ¿Por qué tachar la imperfección? Debe considerarse como una etapa hacia el éxito. El ejercicio es un ensayo, un entrenamiento, no una finalidad en sí mismo. Cuanto mejor se vive la corrección, más suscita el trabajo personal y motiva el aumento del esfuerzo. El ser humano necesita sentirse seguro para aprender. Si se siente humillado o desanimado, puede bloquearse y frenar su confianza y su estima.

Lo esencial es valorizar los errores. Esta frase parece paradójica, pero ¡el secreto del éxito es considerar los fracasos como trampolines hacia el éxito! Hay que valorizar el trabajo independientemente de los resultados. El verdadero objetivo es el trabajo interior, no el hecho de no equivocase. No olvidemos hasta qué punto el primer enemigo de la inteligencia es el estrés y la parálisis que produce.

Por eso, es mejor que el niño se controle solo en su proceso de aprendizaje. Si se le deja identificar su error, su toma de conciencia es real y beneficiosa. Aumenta su autonomía con confianza en sí mismo. Es la razón por la cual el material Montessori ofrece al niño la posibilidad de tener su propio control del error. Esto hace inútil la evaluación exterior. Por otra parte, cuando un educador presenta una actividad Montessori a un niño, no espera de él que le salga bien de inmediato. Lo importante es que el niño manipule y practique. El educador no exige ni el resultado ni la perfección. Al contrario, acepta pacientemente la vacilación del niño que se encamina a su ritmo hacia el éxito. De la misma manera, una vez alcanzado el éxito, es mejor incitar al niño a felicitarse y a estar contento de sí mismo que darle mil enhorabuenas. Es cierto que los halagos pueden estimular, pero no deben crear a la larga una dependencia que impulsaría al niño a trabajar para conseguir felicitaciones exteriores y sufrir por su eventual ausencia un día, que entonces podría interpretar como un reproche. Es mejor decirle: «Debes estar contento de ti mismo y sentir satisfacción», en lugar de: «Bravo, eres realmente bueno». Animar, por supuesto, pero sobre todo incitar al niño a automotivarse. El niño que es autodisciplinado lo es porque siente que la disciplina es buena para él y sus semejantes.

Actuar en la periferia

Maria Montessori recomendaba actuar sobre el entorno en lugar de directamente sobre el niño para favorecer su desarrollo. Las órdenes y las conminaciones a la larga pueden desanimar al niño. Incluso pueden bloquearlo. Imagine por un segundo que recibe, como adulto, todas las órdenes que los niños escuchan a lo largo del tiempo en forma imperativa. ¿Por qué las soportaría él mejor que usted? Tanto más cuanto que esto puede desarrollar un sentimiento de inferioridad y generar complejos. Se influye más sobre el comportamiento de los niños, y de manera más positiva, actuando en la periferia del niño en lugar de sobre el niño de forma directa.

Por ejemplo, si se quiere que los niños hablen más bajo, en lugar de darles una orden hablando alto, se puede hablar muy bajo poniéndose a su altura. El tono de los niños baja progresivamente para adaptarse al ambiente que se promueve y que se vuelve cada vez más tranquilo. No olvidemos que los niños absorben. Otro ejemplo: si se quiere que los niños se quiten los zapatos al entrar, es mejor instalar un pequeño mueble para guardarlos en la entrada, con un espacio para las zapatillas que los niños se pondrán a cambio, en lugar de esperar de ellos que vayan a buscarlos en los armarios. La preparación del espacio incita a actuar de una u otra manera.

El entorno habla a menudo por sí mismo. Podemos actuar sobre el ambiente para actuar sobre el niño, a fin de tener una influencia más eficaz sobre este último, a la vez que somos más respetuosos. El mensaje pasa mejor cuando se sugiere o se propone que cuando se impone. Cuando el niño tiene la sensación de ser respetado, no intenta desviar la consigna. El niño con el que se actúa de esta manera se respeta a sí mismo. Se centra y se concentra.

En clase, si existe desorden, quizá es porque existe desinterés. La solución es actuar sobre el entorno para que invite más a la actividad y despierte el interés. La calma surgirá con la concentración.

Fuente de interés → Interés → Atención → Concentración → Construcción interior

El respeto del ritmo de cada uno

¡A cada uno su ritmo! Poco importa que el niño sea rápido o lento, lo que cuenta es que esté concentrado. No es conveniente evaluar el ritmo del niño, pegarle una etiqueta: «lento» o «rápido». Si se le repite sin cesar que es lento, realmente lo será. Su ritmo puede evolucionar a lo largo del día, del año y de la vida. También puede depender de la actividad practicada. Es una lástima que nuestra sociedad favorezca a menudo a los rápidos. La rapidez no es una finalidad en sí misma. Es bueno que el niño pueda estancarse un poco sin que se lo desvalorice. Las competencias se adquieren de forma intermitente. Algunos niños parecen lentos porque repiten la actividad varias veces para perfeccionarse. Esto aumenta su confianza en sí mismos. Otros tienen realmente un ritmo lento. Pero un niño lento quizá es un niño que profundiza, lo cual no debería considerarse como una tara.

El respeto por el ritmo de cada uno permite también que los rápidos progresen sin aburrirse, que avancen sin esperar a los que necesitan más tiempo.

Aprender por la experiencia

«Los sentidos son órganos de "prensión" de las imágenes del mundo exterior, necesarias para la inteligencia, como la mano es el órgano de prensión de las cosas materiales necesarias para el cuerpo.»

El método de la pedagogía científica, MARIA MONTESSORI

La abstracción no se transmite. A través de un proceso individual que implica la manipulación el niño construye su propia inteligencia apropiándose de los conceptos. Hay que captar cada noción de manera tangible, sensible y concreta antes de pasar a la abstracción. El material debe manipularse largamente antes de que el niño conceptualice. El niño aprende en la acción, en la experimentación. «Manipular» implica la mano, es decir, el sentido del tacto, pero todos los demás sentidos pueden estar implicados.

Las experiencias vividas durante la manipulación del material pedagógico son lúdicas y concretas, además de ser satisfactorias, dejan una huella indeleble en el cerebro del niño. Se convierten en referencias que el niño memoriza y en las que puede apoyarse durante largo tiempo para comprender nociones abstractas que encuentra posteriormente.

Por ejemplo, para presentar el sistema decimal, se sugiere al niño que palpe la unidad, la decena, el cuadrado de cien o el cubo de mil. De esta manera, una centena no es un número abstracto, sino claramente un cuadrado formado por diez módulos de diez unidades. El niño puede coger este cuadrado y contar cada unidad. «Siente» lo que es una centena. La manipulación de estos objetos hace palpables los conceptos. Uno, diez, cien y mil se comprenden gracias a una experiencia que permite sopesarlos, compararlos, sentir con la vista y el tacto su relación de inclusión y de proporcionalidad. Una vez integradas estas nociones, se enseñan al niño las representaciones simbólicas 1, 10, 100 y 1.000, que absorbe de forma simple.

El pensamiento conceptual se caracteriza por un vaivén permanente entre hipótesis y deducciones. Es lo que se llama el «pensamiento hipotético-deductivo». El niño construye él mismo su inteligencia a través de experiencias. Las actividades que se le proponen en un ambiente Montessori le ofrecen una oportunidad de desarrollar sus funciones ejecutivas fijándole un objetivo que hace suyo. Tomemos el ejemplo de una actividad de la vida práctica compleja como lavar la ropa a mano. El educador, en un primer tiempo, presenta la actividad al niño, incitándolo así a ejercer su memoria inmediata para retener las diferentes etapas de esta actividad. Después invita al niño a realizar el trabajo por sí mismo. El niño se fija este objetivo para alcanzarlo reproduciendo todas las acciones que ha memorizado durante la presentación del educador. Para ello, se concentra. En el desarrollo de su actividad, es muy probable que encuentre obstáculos o imprevistos, como una jarra que se vuelca o un jabón que se le desliza entre las manos. Frente a estas situaciones, se adapta y supera sus emociones. Reacciona, es decir, que la constatación espontánea que hace de sus errores lo incita a encontrar nuevas estrategias. Emite nuevas hipótesis. La actividad lo implica de tal manera que lo arrastra a no estar distraído o desbordado por sus emociones. De esta manera, ejerce sus capacidades de memorización, de adaptación creativa y de control de sí mismo, cualidades esenciales para cualquier aprendizaje. En otras palabras, aprende a aprender.

Según Maria Montessori, toda experiencia provoca un fenómeno psicológico relacionado con la construcción de la inteligencia. Esto ocurre en tres etapas:

- La preparación indirecta: el niño acumula impresiones inconscientes, absorbe y adquiere una habilidad que necesitará después.
- La formación del conocimiento: se realiza de manera latente durante la repetición del ejercicio.
- La toma de conciencia: en un santiamén, el niño accede al conocimiento consciente. Este momento imprevisible le pertenece. Es un «milagro» del que solo él tiene conciencia, en cualquier caso, es un cambio: de repente, el niño toma conciencia de que sabe, después de haber aprendido progresivamente en la acción.

La actividad individual

«La individualidad de cada niño se pone en contacto con la propia realidad y, en contacto con esta realidad, el razonamiento y la intuición se activan y conducen, más allá del conocimiento, hacia el descubrimiento. El niño, con la alegría de razonar, de seguir su intuición, trabaja él solo con entusiasmo en esta concentración libre en que no teme ser interrumpido ni criticado, porque sabe que su trabajo y su concentración se respetarán; de esta manera, realiza la construcción de su personalidad.»

Les Étapes de l'éducation, MARIA MONTESSORI

El respeto del ritmo de cada uno y el aprendizaje por la experiencia pasan por el trabajo individual. Cada uno manipula el material, explora, descubre y aprende la noción que aísla, de manera personal, siendo muy activo en su aprendizaje. Este sistema favorece la actividad más que la toma de notas de conceptos «entregados». La comprensión concreta de los conceptos solo puede vivirse si se realiza de forma individual.

Sin embargo, algunas actividades se presentan en pequeño grupo, porque es mejor que la realicen varios para experimentar los conceptos que revelan. Ocurre cuando se presenta la suma, la multiplicación, la resta y la división. Esto permite vivir una experiencia concreta de las operaciones. Para la suma, por ejemplo, cada uno aporta una cantidad de cuentas a una pequeña bandeja y todos ponen en común lo que aportan. La acción de sumar, es decir, de «poner juntos», se vive de manera tangible. Los niños se impregnan de esta experiencia. Comprenden el concepto porque lo han vivido.

La educación: una ayuda para la vida

Se trata de educar el potencial humano. Maria Montessori consideraba que el niño tenía un gran potencial y que, si se respetaba, se desarrollaba. Respetando al niño, se lo invita a respetar a los demás. Este respeto mutuo pone las bases de una sociedad consciente de los demás y responsable de sus actos, capaz de vivir en paz. La educación es una preparación para la vida social armoniosa.

El objetivo de la educación es ayudar al niño a tener una disciplina interior.

Maria Montessori hablaba de «normalización». Este término podría interpretarse mal. No se trata de normalizar a los niños, de hacerlos entrar en un molde para que sean considerados «normales»; se trata de un proceso individual de desarrollo armonioso. Dicho de otra manera, es un sinónimo de desarrollo bajo la pluma de Maria Montessori. Esto es posible gracias a la libre elección de la actividad, que permite al niño no actuar por obligación, para satisfacer a otro, sino responder a su pequeña voz interior, que le dicta lo que es bueno para él y le permite actuar por interés.

Cuando todos los niños de un grupo están en este estado de satisfacción intelectual global, se habla de clase «normalizada», es decir, donde el ambiente es tranquilo y propicio para el trabajo, la concentración y la paz. Los niños están autodisciplinados y felices, y desarrollan entonces grandes cualidades sociales. Empatía y benevolencia se conjugan en un círculo virtuoso propicio a la energía en lugar de a la fatiga y a la buena voluntad en lugar de a la evitación.

Cuando las necesidades de cada niño se tienen en cuenta, el niño cultiva:

- El amor por los demás.
- La empatía, la ayuda mutua y el sentido de la comunidad.
- El amor por la concentración y el trabajo, que no se opone en absoluto al placer.
- El gusto por la realidad.
- La capacidad de elegir, de crear y de tener iniciativas.
- La autonomía y la independencia.
- Una apetencia por la calma, incluso por el silencio.
- La alegría de aprender.

Estas cualidades son las que Maria Montessori consideraba como «normales» en el niño cuyas necesidades fundamentales se respetan.

«Es necesario que tengamos presente el fenómeno de la disciplina interior; es un fenómeno que debe producirse y no un fenómeno que preexiste. Nuestro deber es guiar al niño por el camino de la disciplina. La disciplina nacerá cuando el niño haya concentrado su atención en el objeto que lo atrae, este objeto le aportará no solamente un ejercicio útil, sino también el control del error. Gracias a estos ejercicios, se creará una sorprendente coordinación de la personalidad infantil, gracias a la cual el niño estará tranquilo, feliz, ocupado, olvidado de sí mismo e indiferente a los premios y las recompensas materiales.» Los niños son entonces «pequeños conquistadores de sí mismos y del mundo que los rodea».[6]

Lo que conviene recordar

- La libre elección de la actividad favorece el ejercicio de la voluntad, así como la autodisciplina que permite la libertad interior.
- Respetemos la libertad de comunicar y la libertad de movimiento del niño.
- Actuemos en la periferia del niño en lugar de sobre el niño.
- El interés conduce a la atención y a la concentración, que, a su vez, generan la construcción interior.
- Respetemos el ritmo de cada uno.
- El niño de 3 a 6 años aprende mejor por la experiencia individual.
- Consideremos la educación como una ayuda para la vida.

6. Maria Montessori, «El control montessoriano y la disciplina», *La mente absorbente del niño*.

4.
Montessori en la escuela

Maria Montessori hablaba de Casa de los Niños en lugar de escuela. En efecto, se trata de un lugar familiar que se adapta a cada niño y que adapta a cada niño a la vida. Es, ante todo, un lugar de vida, que reúne las condiciones favorables para el desarrollo armonioso de cada niño. Es una escuela que ayuda a ser uno mismo.

Las clases, que reciben el nombre de «ambientes», agrupan a los niños que pasan por las mismas etapas de desarrollo por franjas de edad de tres años, como sigue:

- Los niños de menos de 3 años (nido de 0 a 18 meses, comunidad infantil de 18 meses a 3 años).
- Los niños de 3 a 6 años (Casa de los Niños).
- Los niños de 6 a 9 años (escuela elemental).
- Los niños de 9 a 12 años (escuela elemental).

Dado que cada niño permanece alrededor de tres años en el mismo ambiente, al inicio del curso solo hay, idealmente, un tercio del grupo que es nuevo. Pero estos ambientes no son perfectamente impermeables. Es posible, si se tercia, dar una vuelta por otra clase, lo que Maria Montessori llamaba «los paseos intelectuales». Un niño también puede verse inducido a cambiar de ambiente durante el año escolar para mantener su ritmo de aprendizaje. Pero no se trata de saltarse una clase. En la escuela Montessori no existe la noción de avance o retroceso. Existe una progresión a lo largo de tres años que permite a cada uno avanzar a su ritmo, sin sentirse a la cabeza o a la cola, simplemente sintiéndose cómodo.

La mezcla de edades permite a los «mayores» consolidar sus conocimientos y a los «pequeños» sentirse estimulados por las actividades de los mayores. Esto favorece también la sociabilidad, la ayuda mutua, el respeto y los intercambios. Los niños experimentan una auténtica vida social que los prepara para la del mañana. Ya se encuentran en una dinámica comunitaria de compartir y colaborar.

Dado que no existe un empleo del tiempo propiamente hablando, con periodos reservados al estudio de una u otra materia, cada uno trabaja con el material que elige. Por lo tanto, se puede encontrar, en el mismo momento, un niño de 5 años que realiza un experimento de ciencias, mientras su vecinito de 3 años manipula una actividad sensorial, frente a un tercero que practica la escritura trazando letras rugosas con la yema de los dedos.

Estas escuelas permiten a menudo una adaptación progresiva de los niños nuevos, al ritmo de cada uno. Se invita a los padres a participar por medio de visitas ocasionales a la clase, para observar a su hijo. Se realizan también reuniones regulares con los educadores en forma de entrevistas individuales, veladas de información, veladas pedagógicas, de puertas abiertas, etcétera. La relación educador/padres es esencial. Además, actualmente las escuelas Montessori ofrecen muy a menudo un entorno bilingüe; no es un principio del método, pero es formidable aprovechar la mente absorbente del niño, que le permite impregnarse de una segunda lengua sin esfuerzo.

Un entorno preparado

El entorno preparado es un «ambiente», es decir, un conjunto de condiciones materiales, psicológicas, culturales, sociales y espirituales en las que el niño evoluciona: un factor esencial de desarrollo. En las escuelas Montessori, el entorno se prepara con un cuidado minucioso. Un ambiente montessoriano quiere ser estimulante y adaptado al niño.

Un ambiente ordenado y estimulante
(Fotos 1 y 2 del pliego central)

La clase ofrece un marco vivo y alegre, una atmósfera agradable, serena, propicia para la actividad. La atmósfera es a la vez enérgica y silenciosa. Se trata de un gran espacio con estantes en los que se colocan las actividades pedagógicas en un orden determinado. La clase ofrece un entorno organizado para dar referencias estables. El material se dispone del más sencillo al más complejo en el sentido de las presentaciones. El niño debe ser capaz de encontrar las cosas en un lugar concreto y de saber dónde está en sus aprendizajes. El orden da al niño la posibilidad de elegir, porque sabe orientarse entre los centenares de actividades propuestas. Los ejercicios se distribuyen en espacios dedicados a actividades distintas: los estantes de matemáticas, de lenguaje, de vida práctica, de actividades sensoriales, etcétera.

La estética es esencial en una clase Montessori. Incluso con pocos medios, siempre se puede decorar de manera sencilla. El ambiente debe dar al niño ganas de trabajar. Los estantes deben atraer a los niños: el material se cuida y se arregla regularmente para que sea agradable manipularlo. Para ello, cada rincón debe diseñarse con cuidado. La clase ideal es luminosa, llena de vida: plantas, animales si es posible, obras de arte, libros. Es un universo estable pero dinámico, que evoluciona con cambios que atraen la atención para suscitar la actividad: un nuevo cuadro, una nueva actividad de vida práctica, un ramillete de hojas o de flores cortadas, una copa de fruta o de verdura...

Un ambiente adaptado al niño

Este ambiente permite al niño evolucionar desarrollando su confianza en sí mismo.

• **Un ambiente adaptado a la estatura y la fuerza del niño:** los muebles son a escala y los estantes están a su altura, para que el material sea accesible. Las mesas son de diferentes tamaños para que los niños puedan elegir y siempre estén bien instalados. Algunas están agrupadas, otras aisladas: el niño elige el lugar donde se instala para trabajar. También puede decidir trabajar en una pequeña alfombra que le delimita un espacio de trabajo en el suelo, que se presta mejor a la manipulación de algunas actividades...

- **Un ambiente adaptado a sus necesidades:** necesidad de moverse, de instalarse, de callarse, de actuar, de concentrarse, de sentirse libre, autónomo, seguro, respetado, escuchado, amado sin condiciones...
- **Un ambiente adaptado a sus periodos sensibles:** movimiento, lenguaje, vida social, ejercicio de los sentidos, orden.

Material pedagógico

En el ambiente Montessori, el material de desarrollo es propicio para la autoeducación. Está compuesto por diferentes actividades dispuestas en bandejas y puestas a disposición de los niños.

El objetivo buscado por Maria Montessori al crear y proponer este material a los niños no era enseñarles un saber, sino más bien favorecer el desarrollo de su espíritu de investigación. En efecto, actuaba de manera que cada niño explorara y descubriera para aprender. Consideraba cada actividad como una herramienta, no como una finalidad en sí misma. El objetivo no es, pues, aprobar, sino practicar y construirse interiormente, progresivamente al manipular la actividad.

El material pedagógico sustituye al profesor: no se supone que es un soporte para explicar lo que quiere enseñar o demostrar, no es la ilustración de una explicación. El material se ha diseñado para que el niño manipule: es un soporte de actividad, un modo de descubrimiento. No tiene por objeto transmitir un conocimiento, sino asistir al niño en su construcción interior. No es un punto de partida en este proceso de construcción de la inteligencia, porque el niño tendrá que alejarse progresivamente de este objeto concreto para avanzar en la abstracción. Dicho esto, el material y la experiencia que el niño habrá vivido con él dejarán una huella en su inteligencia. Aunque se desprenda de él poco a poco, el niño siempre podrá volver para consolidar sus conocimientos. El material pedagógico es como una pista de despegue, es un punto de partida al que se puede aterrizar de nuevo para despegar mejor.

El material favorece el paso del pensamiento inconsciente al pensamiento consciente:

> Experimentación concreta → Abstracción →
> Apropiación del concepto

Solo se presenta un ejemplar del material en la sala. Es necesario bastante material para refinar sutilmente los sentidos del niño, pero no demasiado para que el niño se deshaga de él y se vuelva hacia la abstracción. Para desempeñar bien su papel, el material debe responder a cierto número de características.

Las características del material Montessori

UN MATERIAL CIENTÍFICAMENTE ELABORADO
Este material es el fruto de una larga sucesión de experiencias y observaciones. Maria Montessori se basó en el material diseñado por el médico francés Édouard Seguin (cf. p. 122) y lo adaptó. También diseñó numerosos ejercicios. Observando a los niños, lo creó y lo mejoró, adaptándolo como un científico que elabora una fórmula a tientas. Otros montessorianos también elaboraron este material y continúan haciéndolo. *(Foto 3 del pliego central)*

UN MATERIAL QUE AÍSLA LAS CUALIDADES
Cada actividad presenta una dificultad y una sola, a fin de facilitar su comprensión. De esta manera, no se trabaja con varios conceptos a la vez, como se observa a menudo en los primeros libros o juguetes ofrecidos a los pequeños, que presentan formas de diferentes tamaños y de diferentes colores. Maria Montessori propone trabajar o bien con las formas, o bien con las medidas, o bien con los sólidos, o bien con los colores, etcétera.

Por ejemplo, la torre rosa es lisa y los cubos que la constituyen solo varían en dimensión. Permite experimentar lo «grande» y lo «pequeño» y la proporcionalidad. *(Foto 4 del pliego central)*

UN MATERIAL SENSORIAL

Este material permite al niño ejercitar sus sentidos, refinarlos, pero también «sentir un concepto», es decir, tener un enfoque concreto y experimental del concepto antes de que este se vuelva abstracto. Maria Montessori diseñó un material que permite comprender los conceptos de manera tangible, sensible.

Por ejemplo, propone al niño palpar la unidad, la decena, la centena, el millar, la decena de miles, la centena de miles y el millón para conocerlos y sentirlos. Manipular estos conceptos, cogerlos, desplazarlos, sopesarlos y compararlos permite grabar su huella en la mente y comprenderlos mejor. Esto permite también conocer mejor su relación de proporcionalidad y el hecho de que los mayores incluyan a los más pequeños. *(Fotos 5 y 6 del pliego central)*

UN MATERIAL ADAPTADO A LA FUERZA Y AL TAMAÑO DEL NIÑO

Este material desarrolla su confianza en sí mismo porque es manejable y fácil de utilizar. ¿Cómo enseñar a un niño de 3 años a verter agua en un vaso si la jarra es demasiado pesada? La que está bien proporcionada a su tamaño le permite perfeccionar sus gestos y refinar sus movimientos, sus sentidos y su coordinación motora de manera sencilla.

UN MATERIAL ESTÉTICO QUE SEDUCE E INVITA A LA ACTIVIDAD

Desde el estante, llama al niño, lo atrae gracias a su belleza. Suscita y estimula la actividad espontánea. La mayor parte del tiempo, los objetos necesarios para la realización de un ejercicio están presentes en una misma bandeja y responden a un código de color. Además del carácter estético, esto ayuda a los niños a ordenar y a orientarse. *(Foto 7 del pliego central)*

UN MATERIAL QUE CONTIENE SU PROPIO CONTROL DEL ERROR

Es un punto esencial: este material permite al niño autoevaluarse y corregirse por sí mismo. No necesita la mirada exterior para saber si lo ha hecho bien o no. Se da cuenta de si se ha equivocado de manera concreta y puede rectificar. Por ello, el error estimula la actividad del niño, que se corrige espontáneamente. En efecto, el resultado no es el objetivo de la manipulación del material, el niño no hace los ejercicios para conseguir un «bien» o un «mal», sino para progresar.

• El control del error puede ser mecánico, por ejemplo, una caja que no cierra cuando la actividad no se ha realizado bien.

• El control del error puede implicar la reflexión. Para evaluar su trabajo, el niño tiene que recurrir a su juicio, a la comparación. Es un razonamiento que forma parte de la actividad. En matemáticas, por ejemplo, el niño a menudo tiene que consultar una tabla de comprobación al final del ejercicio.

• El control del error puede ser visual, por ejemplo, cuando una jarra de porcelana de los ejercicios de vida práctica se ha roto. El niño ve que el objeto se ha roto. ¡No es necesario decírselo! Esto asusta a veces a los niños, que tienen miedo de romper algo. Así que es mejor no dramatizar y desculpabilizarlos. Es rompiendo como aprenderán a no romper nada más. La solución no es, sin embargo, proponerles objetos irrompibles o que no puedan ensuciarse... Esto no les enseñaría a prestar atención. Es limpiando él mismo como toma conciencia de lo que la torpeza implica. Y esto lo motiva a redoblar la atención en el futuro. Es inútil regañarlo o humillarlo.

Testimonio de un antiguo alumno escolarizado en una escuela Montessori

Actualmente alumno del curso preparatorio científico

Pasé toda mi escolarización en una escuela Montessori y guardo un recuerdo imperecedero; realmente aproveché en todos los puntos este método de enseñanza poco común, basado en la aceptación del ritmo del niño y de su inserción en un grupo activo.

En el aspecto de los conocimientos, tuve acceso, esencialmente en los ámbitos científicos, a un nivel superior al nivel normal de un alumno de primaria, pero, sobre todo, aprendí a comprender el espíritu de las ciencias, «viví las matemáticas», debería decir.

Sobre todo en el aspecto social la enseñanza Montessori me aportó mucho: aprendí a vivir en un sistema de ayuda mutua y de respeto en lugar de en el sistema de competición de la enseñanza clásica. Aprendí a vivir en una pequeña comunidad real y desarrollé allí capacidades primordiales en nuestra sociedad: la imaginación, el espíritu de grupo y la capacidad de adaptación. Aspectos que encontré menos desarrollados en la continuación de mis estudios en la enseñanza tradicional.

Todavía tengo recuerdos fantásticos de aquellos años, en los que pude estudiar a la vez que me sentía libre. Porque existe una cosa primordial que me ha quedado: la idea de que aprender no es una labor o una tarea, es una oportunidad y un placer.

Las familias de material Montessori

En la Casa de los Niños, una zona de la habitación está destinada a cada familia de material:

- Vida práctica.
- Sensorial.
- Matemáticas.
- Lenguaje.
- Ciencias.
- Historia y geografía.
- Música.
- Arte.

Las actividades de cada ámbito están colocadas en un orden preciso en los estantes, de las más simples a las más complejas. Se presentan en bandejas, en cajas o en cestas, para que puedan transportarse cómodamente y sean fáciles de guardar.

El educador presenta cada actividad de manera estructurada: con un inicio, etapas bien marcadas y un final. La actividad empieza y termina en el estante, lo cual significa que, durante la primera presentación, el educador siempre acompaña al niño del inicio al final de la actividad, para que se sienta contenido y para asegurarse de que sabe dónde volver a colocarlo.

EL MATERIAL DE VIDA PRÁCTICA

Las actividades de vida práctica están relacionadas con la vida cotidiana del niño. Maria Montessori descubrió la importancia de los ejercicios de vida práctica por casualidad. En su primera escuela de San Lorenzo, ponía pequeños barreños a disposición de los niños para que los que tenían las manos sucias pudieran lavárselas. Observó que algunos niños que ya tenían las manos limpias se las lavaban incansablemente. Se buscaba más la actividad en sí misma que su resultado. Como consecuencia de esta observación, puso en marcha una serie de ejercicios que ofrecían a los niños ocasiones de imitar a los adultos, de «hacer como» y no «como si», es decir, de hacerlo realmente, no de hacer como que lo hacían. Porque es lo que atrae a los niños en las actividades de la vida práctica. En efecto, los niños pequeños se sienten irresistiblemente fascinados por la realidad, mucho más que por los juguetes y las situaciones imaginarias. Por eso, los ejercicios de vida práctica son los primeros que se proponen en una clase Montessori. Estas actividades atraen e interesan, por lo tanto, favorecen la concentración.

Al practicar estas actividades, el niño construye una sensación de pertenencia a su medio. Se pone en situación con objetos reales. Son objetos de la vida cotidiana adaptados al tiempo y al lugar en el que el niño crece; así pues, las actividades de vida práctica pueden variar de un continente a otro. Por ejemplo, en Francia, se limpia un objeto de plata o de cobre, mientras que en China se frota un objeto de jade. En Francia, se aprende a poner la mesa, en China, a utilizar los palillos.

Los ejercicios de vida práctica permiten descontextualizar los ejercicios de la vida cotidiana. Cada acto se ejerce por separado. El hecho de aislar las dificultades permite hacerlas más abordables. El niño se ejercita en la vida social antes de esta, fuera de contexto. Esto desarrolla en él la autoestima y la confianza en sí mismo. Puede tantear, entrenarse.

Estas actividades ordenadas permiten al niño coordinar sus movimientos con el refinamiento de la motricidad global (coordinación de los grandes movimientos que implican la marcha, el control del cuerpo y el equilibrio) y de la motricidad fina (coordinación ojo/mano). De esta manera, desarrolla sus funciones ejecutivas. Controlando sus movimientos, el niño aprende a controlarse a sí mismo, a estructurar su pensamiento como estructura su actividad. Los primeros ejercicios son muy simples: llevar una cesta, una bandeja, un objeto, una silla... Doblar, recortar... En una bandeja de vida práctica, los objetos se disponen en el orden de utilización para facilitar el trabajo del niño. Esto le permite también ordenar su actividad y organizar su pensamiento.

Los ejercicios más complejos reúnen varias acciones. Estos ejercicios estructuran la capacidad de organización y de concentración larga del niño (coser, limpiar una mesa, lavar la ropa, limpiar un espejo, cuidar de una planta, etcétera).

En un primer tiempo, el niño hace el ejercicio de vida práctica para construirse, después, hacia los 5 o 6 años, empieza a hacerlo para los demás, para la comunidad, con un espíritu de servicio. En lugar de limpiar su mesa, limpia todas las de la clase. El niño se descentra de sí mismo. Las actividades de vida práctica adquieren entonces otra dimensión relacionada con el periodo sensible de la sociabilidad. Esto lo hace feliz.

EL MATERIAL SENSORIAL

El material sensorial se propone al niño para desarrollar una sensibilidad fina, lo cual es más difícil a una edad avanzada. El niño, al realizar actividades de emparejamiento o de gradación, ejercita sus sentidos en la sutileza de los matices que no se perciben al primer vistazo. Gracias a los ejercicios sensoriales, el niño capta la realidad de manera más exacta y más precisa. Se vuelve observador y explorador de su medio. Cuanto mejor evalúa el ambiente en el que evoluciona, mejor se sitúa en él y se adapta a él. Aumenta su confianza. Al utilizar el material sensorial, gestiona sus sensaciones y organiza sus percepciones, lo cual permite eliminar el desconcierto que su abundancia a veces puede generar.

La manipulación del material sensorial permite también el paso de la experiencia sensorial a su conceptualización, en otras palabras, de lo concreto a lo abstracto. Este material invita al niño a observar, comparar, organizar, jugar y deducir. Compromete tanto la cabeza como las manos. El niño razona emitiendo hipótesis y haciendo deducciones. Este material favorece el desarrollo de la inteligencia, que tiene lugar en gran medida gracias al hecho de poner en palabras las sensaciones. Esta conceptualización se hace durante las lecciones en tres tiempos (cf. pp. 111-112) propuestas por el educador. El material sensorial es un trampolín para el material de matemáticas y de lenguaje, que desarrollan un nivel de reflexión más importante con un grado de abstracción más elevado. *(Foto 8 del pliego central)*

EL MATERIAL DE MATEMÁTICAS

Maria Montessori creó un material de matemáticas que es sensorial. Analiza una realidad compleja en elementos simples y aislados los unos de los otros. Su manipulación desarrolla lo que Maria Montessori llamaba «la mente matemática», es decir, una mente capaz de análisis, síntesis y abstracción. Este material desarrolla en el niño la facultad de poner en relación de orden, es decir, la capacidad de distinguir, precisar, comparar, organizar y generalizar. El material de matemáticas permite ante todo que el niño cuente. Pero también que viva la experiencia concreta de los grandes principios matemáticos, en especial, las cuatro operaciones. *(Foto 9 del pliego central)*

Para favorecer el desarrollo de la mente matemática en el niño y su comprensión de los conceptos, se le ofrece la posibilidad de «vivirlos», asociándolos a una actividad lúdica y a menudo ligada a la relación con el otro. Por ejemplo, para comprender lo que es una división, se invita a cuatro niños a imaginar una situación de la vida real que se escenificará con el material. Se les puede decir que se va a jugar a la banca y que cuatro hermanos y hermanas acaban de recibir una cantidad de una tía lejana que quiere dársela de manera equitativa. Se les implica invitándolos a inventar una suma de dinero. Después se les pide que vayan a buscar en la gran bandeja la cantidad de cuentas que corresponde a esta donación. Si han elegido 3.468, llegan con 3 cubos de 1.000, 4 cuadrados de 100, 6 decenas y 8 unidades. Se empieza el reparto explicándoles bien que siempre es necesario ser equitativo entre los hermanos, y lo comprenden muy bien. Se procede a los intercambios necesarios y se acude al banco para poder repartir los 3 cubos de 1.000 entre 4 personas. Una vez que se han repartido las cantidades entre todos los niños y están satisfechos de tener cada uno la misma cantidad de cuentas, es decir, 867, se comunica verbalmente lo que se ha hecho: una división, se ha dividido en partes iguales. Esto les parece muy simple y muy concreto. Más tarde, se puede repetir con una división que no caiga justo y se hablará del resto. En esta dinámica divertida que implica a cada uno, los niños absorben los conceptos matemáticos. Lo mismo ocurre con los sólidos, las formas, las fracciones...

EL MATERIAL DE LENGUAJE

El material de lenguaje es ante todo la manera de hablarle al niño. Se trata de hablar con él de manera natural, sin hablar demasiado en lenguaje de «bebé», poniéndose a su altura y mirándolo. El adulto no se burla de la manera de hablar del niño y lo reprende de manera discreta, reformulándolo todo correctamente y evitando repetir el error para corregirlo. El objetivo es ayudar al niño a expresarse sin gritos, golpes y llantos, aunque se reconozcan estos como llamadas a la comunicación. Se trata de ayudar al niño a formular su pensamiento con palabras.

El periodo sensible del lenguaje se inicia incluso antes del nacimiento del niño y la explosión del lenguaje tiene lugar a menudo hacia los 2 años de edad.

El material de lenguaje comporta libros, historias secuenciales para poner en orden, fotos o dibujos para describir y carteles para comentar. También hay el juego de los sonidos, que se llama «*I spy*», en inglés («mi ojito ve…»), que invita al niño a encontrar palabras que empiecen por uno u otro sonido o palabras que contengan o terminen por un sonido…

Cuando el niño se maneja bien con los sonidos, se le presentan las letras rugosas (letras de papel de lija que se notan bien al tacto porque son en relieve sobre una materia lisa). La manipulación de las letras rugosas permite aprender el sonido y la forma de las letras de manera simultánea, independientemente del nombre de las letras, que puede perjudicar la lectura. En efecto, cuando un niño empieza a leer, pronuncia sonidos mirando las letras unas después de las otras y después asocia estos sonidos. Descifra en voz alta y escucha la palabra que surge. Es lo que se llama actualmente la «combinatoria». Si el niño asocia una letra a su nombre en lugar de al sonido que simboliza, tiene problemas para descifrarlo. Tomemos el ejemplo de la palabra «moto». Si el niño pronuncia eme, o, te, o, tendrá dificultades para pronunciar «moto», más bien dirá «emeoteo». En cambio, si pronuncia mmm, o, t, o, ¡entonces la palabra surgirá!

Las letras rugosas permiten abordar las letras en una experiencia completa que asocia la vista, el tacto y el oído: el niño ve, traza y pronuncia la letra al mismo tiempo, lo cual le permite asociar la forma, el movimiento y el sonido de cada símbolo. Trazar una letra rugosa favorece el enfoque cinestésico de la escritura. Es una comprensión de la letra por el movimiento que permite; mientras el niño la traza, se imprime en él. Se empieza por leer palabras fonéticas como col, bol, sal, mil, etcétera. *(Foto 10 del pliego central)*

En lo referente al enriquecimiento del vocabulario, no hay que dudar en utilizar palabras complicadas. No lo son tanto como se cree. Basta con explicarlas. Durante el periodo sensible del lenguaje es cuando el niño es más capaz de absorber una gran cantidad de vocabulario. Cuanto más extenso sea, más se desarrollará su curiosidad. Lo mismo ocurre con las lenguas extranjeras. Si el niño se expone a ellas, las absorbe espontáneamente.

Para la escritura y la lectura, existe una gran parte de preparación psicológica relacionada con la confianza en sí mismo y la concentración. El niño se estimula si ve a los adultos que lo rodean escribir, leer, recibir y enviar cartas, redactar pequeñas notas, etcétera. Se puede incitar al niño a escribir pequeños mensajes, que al principio pueden ser dibujos, a crear un librito inventando y escribiendo historias... Se puede escribir a su dictado, invitarlo a ilustrar..., muchas actividades que incitan a escribir y a leer.

Escribir es conocer una palabra que se descompone en sonidos; leer es conocer sonidos que se unen en palabras.

Escribir es crear, es transcribir el propio pensamiento. Leer es entrar en el pensamiento de otro, es ir al encuentro del otro.

EL MATERIAL DE CIENCIAS

El objetivo general de las ciencias es hacer descubrir al niño el mundo en el que vive, darle la posibilidad de explorar este mundo y situarse en él después de haberle dado claves de lectura, como las nomenclaturas y las clasificaciones. *(Foto 11 del pliego central)*

Se parte siempre de lo concreto para ir al concepto, partiendo de una experiencia. Se va de lo conocido hacia lo desconocido y de lo global hacia los detalles.

El objetivo de la biología, estudio de la vida, es permitir a los niños conocer y respetar el universo en el que crecen. Ayuda a los niños a situarse en el mundo en sentido amplio y en su entorno cercano. Toman conciencia de sí mismos y de su relación con el entorno. Se sensibilizan en la ecología, lo cual, en nuestros días, ¡ya no es opcional!

A partir de los 6 años, el niño se descentra de sí mismo y se abre al mundo. Entonces se desarrolla el estudio de las ciencias y adquiere más amplitud. Pero, para ello, es necesario preparar los cimientos, basados en la realidad. Hay que incitar a los niños a observar.

La clase debe ofrecer el niño oportunidades de realizar experimentos científicos, de enfrentarse a la realidad y de mirarla con atención, conscientemente y a diario. Para ello, debe comportar elementos vivos, como animales o plantas. El niño se interesa y se interroga sobre su modo de vida: ¿cómo viven los conejos? ¿Cuánto tiempo vive un tulipán? Se hace preguntas y se ocupa de proteger este medioambiente vivo cuidándolo. Esto le permite constatar que las cosas se modifican con el tiempo (las estaciones, los ciclos de vida de un animal que se transforma, como el renacuajo que se convierte en rana…).

Se da al niño el vocabulario una vez que ha observado bien y manipulado el objeto de estudio. A partir de los 4 años y medio, cuando el niño ha multiplicado los experimentos en un ambiente vivo, es posible empezar a dedicarse un poco más de cerca a los hechos observados. Se pueden sacar conclusiones de las observaciones que ya se han hecho extrapolando y extendiendo la investigación. Por ejemplo, se pueden comparar los pájaros de la clase con los del jardín y después con los de la pajarera del zoo… De esta manera, se empieza a conceptualizar, a generalizar y a determinar algunos criterios comunes a una especie, a una clase de plantas… Se pasa progresivamente de una observación simple a una observación clasificada. Se utiliza un vocabulario cada vez más preciso.

Las nomenclaturas clasificadas conciernen a la zoología y la botánica. Son un conjunto de imágenes que representan ítems de una misma familia (por ejemplo, los peces, los anfibios, las aves, los reptiles, los mamíferos, las raíces, el tallo, las hojas, la flor, los árboles…) e introducen una estructura clave que permite al niño organizar sus percepciones y su pensamiento.

No hay nada como los paseos por la naturaleza para favorecer la observación y multiplicar las experiencias. Resulta muy enriquecedor poder analizar, una vez introducido, el fruto de las observaciones gracias a un material clasificado.

EL MATERIAL DE HISTORIA Y GEOGRAFÍA

El objetivo más particular de la geografía es ayudar al niño a orientarse en el espacio cercano y lejano, y descubrir, y por lo tanto aceptar, otras culturas diferentes de la suya; en efecto, la intolerancia nace de la ignorancia. *(Foto 12 del pliego central)*

En una clase de 3 a 6 años, se abordan varios aspectos de geografía: geografía física (globo terráqueo, planisferio, rompecabezas de los continentes), geografía cultural (las civilizaciones y las culturas con mapas e imágenes) y geografía política (banderas). La historia es un concepto que el niño adquiere tardíamente, hacia los 7 años. Sin embargo, en una clase de 3 a 6 años, se pueden proponer algunas actividades preliminares que le permitan situarse mejor en el tiempo (cf. p. 198).

EL MATERIAL DE MÚSICA

El material de música diseñado por Maria Montessori favorece la expresión musical espontánea, después de haber presentado al niño las bases del conocimiento de los sonidos y las notas. Se trata esencialmente de una educación del oído y de la voz. El material más espectacular está compuesto por un conjunto de campanillas móviles que se golpean con un mazo para producir sonidos aislados y largos, que se pueden interrumpir tocando la campanilla para que deje de vibrar. Toda la gama es doble, lo cual permite hacer juegos de emparejamiento, de gradación y de localización en la gama. Una vez captados los sonidos de manera sensorial, se aborda su interpretación simbólica con las notas en un pentagrama. *(Foto 13 del pliego central)*

EL MATERIAL DE ARTE

El material de arte es de uso libre en la clase y permite al niño crear, es decir, expresar lo que ha madurado en él como consecuencia de las impresiones. Pueden exponerse algunas técnicas de manera temporal en forma de presentaciones colectivas. *(Foto 14 del pliego central)*

Numerosas actividades invitan al niño a crear y a decorarlo todo, preparando indirectamente para la escritura: formas para dibujar (material que invita al niño a realizar trazos de manera rigurosa en un orden preciso y evolutivo), friso en tiras de papel para decorar su trabajo como se adornaría un libro iluminado. Otras actividades se centran puramente en la creatividad e incitan al niño a recurrir a sus ganas de copiar (utilización de una mesa luminosa para calcar) o a inventar y poner en el papel lo que imagina (dibujo libre, técnicas artísticas variadas, soportes diversos…). Los libros y las imágenes de arte alimentan la cultura artística del niño y pueden ser fuentes de inspiración.

Testimonio sobre la escuela Montessori

Madre de Jade, 6 años, en clase Montessori 3-6 años

Para mí, Montessori ha sido completamente revelador de lo que debe ser la escuela: el niño en el centro del sistema y no el sistema en el centro y el niño que debe adaptarse. Mi hija mayor se volvió con rapidez autónoma e independiente para la vida cotidiana: a los 4 años, se levantaba y se vestía sola por la mañana, a los 5 años, tomaba su ducha. En casa, hace espontáneamente muchas pequeñas tareas por propia iniciativa para participar en la vida de familia: poner la mesa, preparar sus maletas para salir de vacaciones, guardar sus cosas. No le pedimos nada, ¡es increíble! El método Montessori es lo que le ha dado confianza para gestionar su autonomía. Los niños «montessorianos» siempre me han sorprendido por la profundidad de su mirada y su capacidad de observación. Están en el ser y no en el tener. Se siente que estos niños están «hacia dentro». Las clases son tranquilas y autónomas. ¡Un auténtico milagro!

El educador

La actitud del adulto desempeña un papel crucial en la educación del niño. Su papel no es inculcar un saber, sino transmitir un «saber-aprender». Es importante que no se considere como el poseedor del saber, sino como un guía que ayuda a buscar y a aprender.

El papel del educador

El educador tiene, en la clase Montessori, tres misiones esenciales:

- Observar a los niños y presentarles el material.
- Ser el garante del ambiente.
- Acompañar al niño en su desarrollo personal.

OBSERVAR A LOS NIÑOS Y PRESENTARLES EL MATERIAL

El educador sabe que la manipulación del material es lo que permite al niño acceder a la concentración, a su ritmo. Por lo tanto, inicia al niño en la exploración de este material pedagógico de manera individual la mayoría de las veces y, en ocasiones, colectiva, en lo que se llaman «presentaciones».

Lo ideal es hacer la presentación colocándose a la derecha del niño si este último es diestro y a la izquierda si es zurdo, para que el movimiento del brazo del educador no obstaculice el campo visual del niño, que siempre debe tener la mejor visibilidad posible. La presentación se hace con calma, con movimientos tranquilos y extremadamente precisos. Esta precisión en la ejecución es esencial para atraer la atención del niño. Para ello, el educador debe analizar, previamente, todos los movimientos necesarios para la presentación de una actividad. Se sobreentiende que ha manipulado él mismo el material durante largo tiempo.

Durante la formación para ser educador, se han reservado largos periodos de tiempo a la manipulación del material para que el educador lo conozca bien. Por otra parte, se constituyen álbumes de fichas pedagógicas para integrar bien el desarrollo de las presentaciones. El hecho de que el educador haga estas fichas él mismo permite memorizar bien las actividades. Los formadores validan cuidadosamente estas fichas.

Después, el educador puede referirse a sus fichas para recordar un detalle.

Una buena presentación supone, pues, una buena preparación y mucha precisión. Es necesario:

- Estar realmente disponible y asegurarse de que el niño también lo esté.
- Proponer la actividad, pero no imponerla nunca.
- Tomar el material de donde está guardado.
- Elegir, con el niño, un espacio de trabajo e instalarse tranquilamente en él.
- Presentar la actividad con movimientos lentos, haciendo pausas en cada etapa.
- Proponer al niño la realización de la actividad y darle tiempo para manipular.
- No interrumpirlo (ni siquiera para animarlo) y no intervenir (en cualquier caso, lo menos posible).
- Acompañar al niño que devuelve la actividad a su lugar e insistir sobre la importancia de guardarla.
- Invitar al niño a repetir la actividad cuando quiera.
- Mantener el material disponible. Asegurarse de que se encuentre en buen estado, limpio y atractivo en todo momento.

El material se presenta idealmente en cierto orden y el educador tiene la misión de proponer el material adecuado en el momento adecuado. Para ello, tiene que saber dónde se encuentra cada niño en su proceso de desarrollo y de aprendizaje. Su papel es presentar y volver a presentar, si es necesario, las actividades a los niños, incansablemente, considerando cada presentación como un regalo que hace al niño, como una clave de desarrollo que transmite. Pero, como hemos visto anteriormente, su papel no es corregir ni evaluar el trabajo del niño. Esta ausencia de corrección no impide al educador saber dónde se encuentra el niño. No lo sabe corrigiendo sus cuadernos, sino observándolo utilizar el material de desarrollo y mirando sus producciones. En efecto, la observación es un pilar de la educación montessoriana. El educador alterna las presentaciones y los periodos de observación. Maria Montessori consideraba que lo ideal era que el educador presentara cada vez menos y observara cada vez más. Esto significaba que la clase se había «normalizado», es decir, concentrado, y que sus miembros se construían de manera autónoma gracias al material que se les proponía. El educador interviene con precisión y discreción, adecuando su actitud a las necesidades del niño y de la clase.

La lección en tres tiempos

Cómo asimilar nombres en tres etapas

La lección introduce todos los conceptos en tres tiempos después de que el niño haya abordado el concepto en una experiencia concreta.

La lección en tres tiempos desempeña un papel en la adquisición del lenguaje. Permite nombrar las percepciones y conceptualizarlas. Ayuda al niño a apropiarse del lenguaje.

Ejemplo de lección en tres tiempos con el material de las placas de color.

1. Nombrar la percepción

«¡Azul! ¡Es azul!» El niño repite: «¡Azul!».
«¡Amarillo! ¡Es amarillo!» El niño repite.

«¡Rojo! ¡Es rojo!» El niño repite.

Es el tiempo de la designación del concepto. Se procura nombrar la percepción y no el objeto. No se dice «la placa azul», sino «azul».

2. Pedir al niño que reconozca la percepción

«¿Puedes mostrarme azul?» El niño señala con el dedo. Si se equivoca, continuar para permitirle la autocorrección.

3. Pedir al niño la restitución de lo que ha adquirido

«¿Qué es?» El niño responde: «Es azul».

El lenguaje es un código cultural, en el que se introduce al niño durante la lección en tres tiempos. El niño se somete progresivamente al código del lenguaje.

- Se propone una palabra (el niño repite: «Azul»).
- El niño acepta la palabra mostrando que la comprende (señala el azul).
- El niño se apropia de la palabra, la restituye y la utiliza (dice: «Azul»).

Observaciones: no se dice «el cubo grande», «el cubo pequeño», sino «grande», «pequeño». Se da una representación de lo que es grande con respecto a algo pequeño. Se pasa de una representación a una generalización y se introducen dos o tres conceptos a la vez, pero no más.

SER EL GARANTE DEL AMBIENTE

Para que los niños puedan manipular con concentración, el ambiente debe ser propicio para el trabajo. Actuar sobre el entorno es un medio que tiene el educador para actuar sobre el niño de manera indirecta, a fin de favorecer su desarrollo armonioso. Para ello, debe ser:

Un ambiente ordenado. Es necesario, pues, que la clase esté siempre cuidada, limpia y atractiva. Los objetos se organizan en bandejas, que se colocan en el orden adecuado en los estantes, etcétera. Las referencias del niño son estables para que pueda ejercer su libre elección. Por otra parte, el adulto vela por que cada elemento del material Montessori esté completo y lo repone si es necesario, para que el niño que ha elegido una actividad no tenga que interrumpir su ciclo de actividad por un detalle material. También para evitar las interrupciones, los periodos de tiempo de trabajo son lo más largos posible y se acostumbra a todos a no intervenir cuando un niño está con una actividad concentrada y ordenada.

En otras palabras, ser el garante del ambiente significa ser el garante del orden. Pero recordemos que no se trata del orden por el orden (acción de ordenar), sino del orden al servicio de la estructuración de la mente. Quien vive en el orden tiene una cabeza ordenada. Estos son sinónimos de la palabra «orden» que dicen mucho sobre el tema: organización, estructura, arreglo, acondicionamiento, clasificación, coordinación, jerarquización, guardado, reglamentación, encadenamiento…, términos que designan tanto la disposición de los objetos como la del pensamiento.

Un ambiente estimulante y alentador. Ser garante del ambiente es también asegurarse de que este sea siempre rico en oportunidades de experiencias y favorable a la actividad espontánea del niño, es decir, estimulante.

También debe ser alentador gracias a la actitud del adulto, que hace sentir al niño que siempre estará allí para ayudarlo en caso de necesidad. Esta sensación de seguridad lo incita a no tener necesidad de ayuda. El hecho de que el adulto tenga confianza en el niño y esté seguro de su potencial da alas al niño.

Dado que el niño no se siente continuamente juzgado y evaluado, se desarrolla en una atmósfera propicia a la actividad. Se evita comentar estas actividades, tanto si la crítica es negativa, lo cual podría desanimarlo, como positiva, lo cual podría desviarlo de su primer objetivo (alcanzar el objetivo que se había fijado él mismo) e incitarlo a trabajar para complacer o para recibir felicitaciones. Es mejor que conserve su autoestimulación sin volverse dependiente de la mirada del otro para tener ganas de trabajar. De lo contrario, ¿qué hará cuando deje de ser evaluado o alentado por una tercera persona?

Por lo tanto, el educador intenta instaurar un ambiente positivo y relajado, porque el estrés es el peor freno para el desarrollo de la inteligencia. Genera en el cerebro hormonas que bloquean la razón y la voluntad, así como el acceso a la memoria. Provoca una especie de cortocircuito que hace perder sus medios a la persona estresada, como si estuviera en peligro, incitándola a reaccionar huyendo, replegándose en sí misma o atacando en lugar de reflexionar para actuar de manera adecuada. Las reacciones emocionales se vuelven difíciles de controlar por razones químicas y provocan reacciones extrañas.

Cuando un niño se estresa, el educador lo invita a hacer una pausa, a respirar, a beber un vaso de agua, a volver a conectarse con sus percepciones reales y a analizar/expresar lo que siente. Esto le permite recuperarse. Pero el mejor medio de evitar el estrés es prevenirlo, actuando sobre el ambiente para que sea tranquilo.

Un ambiente tranquilo y sereno. Todas las pequeñas preocupaciones materiales y emocionales que tienen los niños pequeños deben solucionarse. El educador contiene estos problemas acogiéndolos y ayudando a los niños a resolverlos, desdramatizando.

En esta misión de garante del ambiente, el educador puede recibir la ayuda de un asistente Montessori, cuya misión es valiosa. Los centros de formación ofrecen formaciones especiales para las personas que quieren convertirse en asistentes Montessori.

ACOMPAÑAR AL NIÑO EN SU DESARROLLO PERSONAL

El educador ayuda al niño a desarrollar su propia personalidad. Para ello, debe reconocerla y respetarla, así como el pensamiento y las cualidades de cada niño.

Su papel es acompañar, no dirigir, al niño en su desarrollo personal. El niño SE desarrolla espontáneamente, a su ritmo. El educador respeta la cadencia del niño en sus aprendizajes, a la vez que lo estimula, ¡ni demasiado ni demasiado poco! Es todo un equilibrio que debe encontrarse a fuerza de observación y de perspectiva. El educador sabe reconocer y contener el fenómeno de «falsa fatiga» que aparece a menudo entre dos actividades concentradas del niño.

En efecto, Maria Montessori observó que los niños tenían un ciclo de trabajo de unas tres horas. Este ciclo de trabajo puede empezar por una actividad relativamente fácil y concentrada que ella llamaba «pequeño trabajo», seguida de un periodo de latencia durante el cual el niño parece cansado. Después de un tiempo variable de inactividad aparente, el niño elige espontáneamente un material que lo conducirá a un «gran trabajo» largo y concentrado. También constató que, cuando un educador intervenía en el momento de la «falsa fatiga», el niño corría el riesgo de romper su ciclo de trabajo y no encontrar la gran actividad. Si el educador interviene en un mal momento, puede perjudicar la concentración del niño. Por lo tanto, debe ser capaz de aguantar un cierto tiempo de pausa entre dos actividades del niño, aunque esto genere un poco de movimiento. Es importante prever largos ciclos de trabajo sin interrumpirlos con recreos u otras actividades: curso de lengua o de dibujo con un participante exterior, por ejemplo.

En cambio, si el niño atraviesa un vagabundeo real y no encuentra un punto de agarre para volver a centrarse, el educador puede desempeñar el papel de desencadenante. Puede invitar al niño a elegir una actividad, puede sugerirle una o presentarle una que crea que puede interesarle. Sin olvidar que el interés es el punto de partida de la concentración. Todo debe favorecerla. Por eso, la actividad debe encontrarse con discernimiento. No hay que forzar al niño a tomar una actividad contra su voluntad. Corre el riesgo de hacerlo sin interés y de distraerse o, peor, de rechazarla a corto e incluso a largo plazo. El papel del educador es estimular el deseo de manipular la actividad. Si no es así y el niño aprende de manera prematura, puede perjudicar a otro aprendizaje que habría tenido que precederlo. Por eso, el educador debe acompañar el ritmo de aprendizaje natural de cada niño con agudeza. Maria Montessori recomendaba a los educadores en su decálogo: «Haced que el niño que busca sienta vuestra presencia y vuestra disponibilidad, y que permanezcan ocultos al que ya ha encontrado».

El papel del educador no es, pues, juzgar al niño ni puntuarlo, sino ayudarlo a desarrollarse en las mejores condiciones. El entusiasmo de un niño es el mejor signo de su alegría por aprender. El educador, para favorecer el gozo de aprender, mantiene una atmósfera relajada en la clase. Lucha contra el estrés, primer freno del aprendizaje porque bloquea la inteligencia. El educador procura no tener expectativas demasiado exigentes. Por otra parte, autoriza a los niños a expresar sus emociones, las acoge y las respeta. Contiene sus problemas escuchándolos.

Cuando se trata de un problema relacionado con un aprendizaje, el educador intenta aislar la dificultad del resto del ejercicio tratándola fuera de contexto. Es lo que Maria Montessori llamaba el «punto de interés». Se trata de atraer la atención del niño sobre un detalle, cuando la actividad le parece larga o difícil, para estimular su curiosidad. Gracias a un elemento de perfeccionamiento, el niño tiene la oportunidad de volver a centrarse. El punto de interés de un ejercicio varía según cada niño y según las circunstancias, porque el educador intenta poner el acento en la dificultad encontrada por el niño en cuestión en un momento preciso; una dificultad y una sola. El punto de interés se determina, pues, en el momento.

El estrés, un obstáculo para el aprendizaje

Catherine Dumonteil-Kremer, consultora familiar y educadora Montessori[7]

Cuando estamos estresados, sufrimos y nuestra inteligencia está bloqueada, no estamos disponibles para aprender.

Para optimizar las condiciones de aprendizaje del niño, conocer las fuentes de estrés puede ayudarnos a apoyarlo. El estrés puede eliminarse parcialmente mediante la descarga de las emociones. Un niño que vive una situación familiar difícil o un problema doloroso no tiene la atención disponible para el aprendizaje. Sería realmente injusto no tenerlo en cuenta.

Los niños están angustiados cuando sienten que los adultos tienen unas expectativas demasiado grandes relativas a sus

7. Catherine Dumonteil-Kremer, *Élever son enfant autrement*, La Plage, 2009.

aprendizajes. La mayoría del tiempo, decidimos lo que nuestro hijo deberá aprender; después de todo, no sabe gran cosa de la vida. Nosotros evaluamos, generalmente en función de nuestras deficiencias personales, lo que él va a concretar en nuestro lugar. Por desgracia, vamos por mal camino. Los niños deberían poder experimentar lo que desean para poder determinar lo que quieren aprender y durante cuánto tiempo.

La obligación de aprender en un momento que no han elegido es contraria al proceso de aprendizaje y también es fuente de gran estrés. Cuando se aprende bajo presión, simplemente se está condicionado, la inteligencia no funciona, solo la memoria trabaja. Además, la evaluación y el juicio son obstáculos para el aprendizaje que nos persiguen y nos estorban toda nuestra vida.

Las cualidades del educador

«Para formar un nuevo tipo de educador, este debe, en lugar de la palabra, aprender el silencio, en lugar de enseñar, observar, en lugar de revestirse de una dignidad orgullosa que quiere parecer infalible, revestirse de humildad.»

La auto-educación en la escuela elemental, MARIA MONTESSORI

«Tratad siempre al niño con la mayor educación y ofrecedle lo mejor de lo que dispongáis.»

Décalogue de l'éducateur, MARIA MONTESSORI

La actitud y el estado de ánimo del educador son esenciales. El educador debe, pues, hacer un trabajo sobre sí mismo a fin de conocerse. Es conveniente aceptarse a uno mismo para estar en condiciones de aceptar al otro, en este caso al niño, tal como es. Cuando se conocen las propias cualidades y defectos, se es capaz de aprender y aceptar los de los niños. Maria Montessori repetía a menudo que el educador debe ser a la vez «sabio» y «santo», es decir, ¡que debe tener a la vez muchos conocimientos y muchas virtudes! Es bueno que se cuestione a menudo humildemente, en lugar de considerarse un ser poderoso, una referencia incontestable. Es conveniente que se pregunte continuamente: «¿Estoy dificultando o favoreciendo el desarrollo de este niño?». Este cuestionamiento permanente le permite analizar y reconocer las necesidades del niño para colmarlas mejor. El educador Montessori tiene en cuenta las características individuales y el estadio de desarrollo de cada niño. Para ello, es necesario que tenga un buen conocimiento de las etapas del desarrollo del niño. Pero eso no es todo, tiene que desarrollar varias cualidades…

ENTREGA DE SÍ MISMO Y ESPÍRITU DE SERVICIO

La entrega de sí mismo y el espíritu de servicio van a la par con la humildad, la disponibilidad y la discreción. El educador se alegra de los progresos del niño sin por ello enorgullecerse. No es el autor de este éxito, aunque ha hecho posible que eclosione. El educador se descentra de sí mismo para centrarse en el niño. Se siente investido de una misión para guiar a cada niño que se le confía de manera cariñosa y discreta, ¡a la vez que considera que el auténtico guía no es otro que el niño!

El educador confía en el niño, está convencido de que el niño tiene el potencial necesario para llevar adelante su propio desarrollo. Se pone al servicio de este desarrollo para que sea armonioso.

PACIENCIA

El educador sabe esperar y adaptarse al ritmo de cada niño. Su paciencia permite que el niño se ponga de manifiesto. Cuanto más atento se está al niño, más atento estará él. Cuanto más suave sea nuestra intervención, más impacto tendrá. Cuanto más pretenda dirigir, más riesgo tendrá de disgustar. El educador debe saber decir no con una voz firme, pero tranquila, sin agresividad. Debe intentar no cambiar demasiado de opinión para que el niño se sienta seguro, contenido por límites estables (y flexibles si es necesario), enunciados con benevolencia.

La paciencia es una cualidad esencial para actuar en la periferia del niño en lugar de directamente sobre él con órdenes y críticas. Intentemos no ser demasiado intervencionistas.

Pongámonos en el lugar del niño... No olvidemos que el fin no justifica los medios. No tenemos derecho a perder la paciencia porque al niño le cueste integrar un concepto. Lo más importante no es el hecho de que lo aprenda, sino la manera en que lo aprende. El camino es más importante que el destino...

Una mañana de observación en una clase de 3-6 años

Instituto Jeanne-d'Arc de Roubaix, escuela Montessori concertada

No todas las escuelas Montessori son privadas en Francia, algunas tienen una clase concertada, otras están bajo contrato de asociación con el Estado, como en Larmor-Baden, Rennes, Lyon, Roubaix y París. Fui a visitar la del norte, el Instituto Jeanne-d'Arc, un establecimiento católico que comporta un colegio tradicional de 600 alumnos y una escuela Montessori que acoge 670 niños de 2 a 11 años, repartidos en las clases de 3-6 años, 6-9 años y 9-11 años. Este establecimiento fue fundado por las hermanas dominicas a finales del siglo xix. Algunas de ellas, que conocieron personalmente a Maria Montessori, orientaron la enseñanza primaria hacia su pedagogía en 1944. Las religiosas formaron a los educadores sucesivos en el método Montessori, que nunca dejó de aplicarse con el mayor cuidado. Los docentes que trabajan allí actualmente deben tener un diploma del Estado de profesor de escuela. El establecimiento los inicia en el enfoque montessoriano en formación continua.

Uno de estos profesores, Christian Maréchal, también tiene el diploma de educador Montessori 3-6 de la Asociación Montessori Internacional (AMI). Lo obtuvo en 2000 en el Instituto Superior Maria Montessori (ISMM). Este diploma validó conocimientos que ya tenía, porque lo formaron las dominicas para los 3-6 y los 6-12 años. Christian es ingeniero de formación, pero rápidamente se orientó hacia una carrera de maestro. En su escuela de formación de maestros, cada estudiante tenía que presentar a un pedagogo a los demás y, por casualidad, se le atribuyó a Maria Montessori, aunque él era más bien reticente, puesto que ¡no la conocía! Aquello fue una revelación para él. Hace veinte años que acompaña a los niños en un ambiente montessoriano. Por otra parte, se dedica a la formación interviniendo en sesiones del curso Montessori Internacional del ISMM.

He tenido la suerte de observar su clase de 3-6 años, una auténtica Casa de los Niños. El ambiente es muy tranquilo y los niños están extremadamente concentrados. Sus caritas se iluminan mientras aprenden de forma totalmente natural. Los niños se desplazan sin ruido y manipulan el material con atención durante periodos muy largos. Cada uno se centra en sus ocupaciones. En un momento dado, observo simultáneamente: un niño lee con fichas de lectura, otro con una libreta. Una niña manipula la letra rugosa «r». Otra hace una suma. Un niño colorea con cuidado la ilustración de un ejercicio de lectura. Otro hace un experimento científico con una vela. Un niño camina sobre una elipse trazada en el suelo, se entrena espontáneamente en el dominio de la marcha y en el control de los movimientos. Lo hace con una campana en las manos, evitando que suene. Un niño pide ayuda a otro para asegurarse de que ha reconocido bien una palabra y después le da las gracias con cortesía. Una niña coloca símbolos que representan la naturaleza de las palabras encima de frases inscritas en cintas de papel. Un niño se ejercita en abrir y cerrar candados. Una niña pinta con entusiasmo. Otra cambia el agua de las flores en pequeños jarrones y las coloca después en las mesas. Un niño hace sonar dos campanillas, el fa y el sol, alternativamente, con mucha suavidad. Christian, por su parte, presenta las barras numéricas a unos niños, otros se unen a ellos espontáneamente para mirar. En un rincón de la cocina, una niña se exprime un zumo de naranja, dos niños preparan el café y el té antes de distribuirlo a todos los profesores del piso, gracias a su pequeña bandeja con ruedas... El tiempo pasa y las actividades se guardan en su lugar, se eligen otras. Algunos niños están concentrados durante cuarenta y cinco minutos en la misma actividad, como ocurre con la pequeña florista, que se ocupa de una docena de ramos de flores. Todo este pequeño mundo está atareado en un ambiente respetuoso con los demás, contenido por un fondo musical muy suave que no siempre está presente.

Christian interviene susurrando, acompaña discretamente a unos u otros y, a menudo, se toma el tiempo de observar el conjunto de la clase. Aconseja a una niña sobre la elección de una actividad tomándola de la mano delante de los estantes donde está perfectamente dispuesto el material. El cuidado aportado a su instalación y a su mantenimiento es flagrante. Este orden y esta estética son los que hacen que el material sea tan atractivo y atraiga a los niños.

En un momento determinado, Christian tiene que salir de la habitación, pero nada cambia en el comportamiento de los niños, que continúan trabajando tranquilamente. Regresa y observa al grupo antes de dirigirse hacia un niño que utiliza el alfabeto móvil. El tiempo pasa y la concentración se desarrolla. Han transcurrido dos horas de esta manera.

Al final de la mañana, después de un tiempo de relajación en grupo, los niños se preparan para salir al recreo. Se quitan sus batas provistas de grandes botones fáciles de manipular. Los mayores ayudan a los más pequeños a cerrarse los abrigos y a colgar las batas en las perchas. Una ayuda mutua importante une a todos estos niños. Christian habla de padrinazgo. Este se establece de forma simple e instaura una gran solidaridad que hace feliz a todo el mundo. Cuando están listos, los niños se reúnen. Christian susurra su nombre uno por uno para llamarles al recreo. Reina la calma. Y también el bienestar, que se lee en los rostros.

Toda la mañana, los niños han elegido voluntariamente dedicarse al francés, las matemáticas, la geografía u otra cosa, con placer. Absorben fácilmente los conceptos, que encuentran en una forma concreta.

Gracias a su «mente absorbente», integran profundamente los conceptos que los conducirán a la abstracción. Gracias a los periodos sensibles por los que pasan, se sienten atraídos por actividades que calman su sed de aprender. Esta sed es inagotable si los periodos sensibles se reconocen, se respetan y se favorecen. De esto he hablado antes ampliamente en este libro y la observación de la clase de Christian es una clara ilustración. El ambiente es a la vez entusiasta, enérgico y tranquilo. Es un auténtico placer contemplar esta construcción intelectual y afectiva que tiene lugar de manera totalmente natural, ¡ante nuestros ojos! Para Christian, es evidente: «¡Montessori es una cuestión de sentido común!».

CAPACIDAD PARA ATRAER AL NIÑO HACIA LA ACTIVIDAD

Para ello, el educador debe recurrir a su poder de seducción. Redobla sus ideas para suscitar el interés. Lanza al niño a la actividad despertando sus ganas de descubrir, incansablemente. Así pues, organiza un entorno rico en oportunidades de actividades e invita al niño a elegir varias sucesivamente, animándolo. Multiplica las «novedades» y explota los centros de interés del niño.

Testimonio sobre la calidad de la atención

Patricia Spinelli, directora del Instituto Superior Maria Montessori (ISMM)

Lo que Maria Montessori reivindica como su aportación científica propia o, como ella dice, «su contribución experimental» es el fenómeno de la atención. Se lo revelaron los propios niños y constituye para nosotros, educadores, la palanca, el punto de apoyo alrededor del cual se organiza toda la construcción del niño. La atención abarca realidades diferentes. El primer sentido es el de la tensión hacia un objeto, centrar la actividad mental.

El segundo sentido es el de consideraciones, deferencias, cuidados serviciales. Si queremos observar este fenómeno de atención en el niño, antes tenemos que cuestionarnos la calidad de nuestra propia atención hacia el niño. Atención entendida a la vez como «tensión de la mente hacia un objeto», que aquí es un sujeto (el niño), como centrarse, es decir, apertura, disponibilidad, pero también interés, responsabilidad. ¿Con qué cuidados serviciales preparamos nuestro «ambiente» cada día? ¿Con qué deferencias abordamos al niño cada día? ¿Con qué delicadeza dirigimos al niño hacia la actividad? ¿En qué disposiciones interiores nos encontramos cuando trabajamos con los niños? ¿Qué proyectos hemos formulado para cada uno? ¿Cómo lo introducimos nosotros mismos, a través de nuestra actitud, en el camino de la actividad, de la repetición y de la concentración? ¿Lo hacemos mediante gestos precisos, analizados, que invitan a la manipulación y despiertan la mente del niño? Las actividades que proponemos al niño tienen sentido e importancia, porque lo conducen hacia la autonomía y la independencia e, *in fine*, hacia la libertad interior. Proponemos un ambiente que permite al niño «alimentarse» y construirse a través de la manipulación. De la calidad de nuestra atención, dependerá el crecimiento y el desarrollo del niño. Si nuestra atención no es profunda, corremos el riesgo de que aparezca en el niño una especie de «ruido» interior permanente o algo como el aburrimiento o la frustración. [...] La actitud del educador permite reforzar la actividad del niño o no, despertar o no su interés. La mirada que acompaña la actividad del niño es una mirada que sostiene y piensa la actividad. Constituye un soporte que le permitirá posteriormente trabajar «de manera autónoma».

ESCUCHA ACTIVA

El educador se esfuerza por escuchar de verdad. No se trata solo de escuchar, sino de escuchar colocándose en una actitud realmente receptiva a lo que dice el niño. Para ello, hay que ser capaz de callarse, de hacer reinar el silencio en uno mismo, para acoger lo que dice el niño con empatía, poniéndose en su lugar, a su nivel. Quien educa se concentra en el otro e intenta comprender lo que este experimenta o siente.

Es importante ponerse lo más a menudo posible a la altura del niño al comunicarse con él. Sentado, inclinado o de rodillas, se puede mirar al pequeño a los ojos e intercambiar así una auténtica mirada, profunda.

Escuchar al niño también es sentir que tiene algo que expresar, aunque no lo haga con palabras... Para ello, es necesario saber leer entre líneas y favorecer la comunicación. Maria Montessori no utilizaba los términos, ahora conocidos, de «escucha activa» y «comunicación no violenta», pero la idea es la misma: estar real y profundamente atento a lo que dice el otro o a lo que el otro intenta expresar, incluso sin palabras.

SENTIDO DE LA OBSERVACIÓN

La observación es la piedra angular del pensamiento montessoriano. Permite leer los acontecimientos y comprender al otro para ayudarlo mejor. Cuando se observa, se está en actitud de búsqueda, se estudia al niño para conocerlo y comprenderlo a fin de prestarle un mejor servicio. Observar al niño regularmente ayuda a no «ponerlo en una caja» o a no «pegarle una etiqueta». Se considera como un ser en evolución. Observarlo es como tomarle una foto, aquí y ahora. Observar regularmente incita a tener siempre una mirada nueva.

El educador observa para saber dónde se encuentra el niño en su proceso de desarrollo y en sus aprendizajes. Por otra parte, el niño tiene necesidad de esta mirada; el niño observado se siente soportado por esta mirada que lo contiene.

La escuela elemental Montessori

A los 6 años, el niño entra en otra fase de desarrollo que le ofrece otros periodos sensibles: el de la imaginación y el de la cultura. Quiere saberlo todo. «La búsqueda y el descubrimiento del placer de aprender», como decía Maria Montessori, son entonces los objetivos principales de la educación. Ser curioso, hacer preguntas, ir a buscar la información, investigar, hacer experimentos, suponer, observar… Son «habilidades» todavía más importantes que el aprendizaje de los conocimientos. Si se consigue transmitir esta manera de actuar, el niño será su propio motor, activo para comprender y aprender, ¡toda la vida! Sin esta dinámica, lo que estudia «de memoria» puede quedar en anecdótico, porque está perdido, no forma parte de un marco general.

Maria Montessori proponía partir de lo global para centrarse progresivamente en lo particular. «Este es, pues, un principio esencial de la educación: enseñar los detalles es aportar la confusión. Establecer la relación entre las cosas es aportar el conocimiento», escribía en *De l'enfant à l'adolescent.* Esto no significa que los detalles no sean importantes, sino que deben abordarse una vez que el marco general se ha comprendido bien.

La presentación de las ciencias a los niños los ayuda a tener una visión general del universo. Quien acompaña al niño lo guía dándole claves de lectura y aportándole los medios de conocer el mundo en el que vive, a la vez que le permite percibir su relación con el mundo. Por ello, es esencial que el niño comprenda todas las relaciones de interdependencia entre los seres y las cosas.

De la mente que absorbe a la mente que comprende

El niño de 3 a 6 años explora su entorno gracias a su mente absorbente. Aprende a situarse y desarrollar su confianza. De 6 a 12 años, pasa de la mente que absorbe a la mente que comprende. Lo que ahora necesita es comprender el mundo, incluso el universo entero.

El niño de 6-12 años razona: hace preguntas sin cesar. ¿Por qué? ¿Cómo? ¿Cuándo? El niño tiene un gran poder de razonamiento, que necesita ejercitarse a través de las actividades. Tiene grandes capacidades de abstracción. Intenta liberarse lo más rápidamente posible del material.

El niño de 6-12 años se construye:

• **Socialmente:** como miembro de una sociedad. Busca la compañía de sus semejantes, más que la de los adultos, no le basta solo con la familia. Le gusta estar con sus amigos y actuar en grupo.

- **Moralmente:** desarrolla una conciencia necesaria para la vida social y comunitaria. Tiene un gran sentido de la justicia y quiere distinguir lo que está bien de lo que está mal. Se hace preguntas sobre lo que es aceptable o inaceptable.
- **Desde el punto de vista de la imaginación:** el niño está dotado de un nuevo poder, el de la imaginación, que permite comprender y acceder a lo que no es visible y directamente percibido por los sentidos. Esta facultad creadora le permite educarse de manera abstracta. La imaginación no designa aquí lo fantástico. El profesor puede basarse en la imaginación del niño para llegar más lejos en la abstracción.
- **Culturalmente:** el niño adquiere su cultura. Es el mejor momento de sembrar en él todas las semillas, sin límites.
- **Intelectualmente:** los niños se interesan por todo y tienen intelectualmente la capacidad de acceder a mucho más de lo que se piensa, si se les presenta de manera adecuada.

El trabajo, en la escuela elemental Montessori, se basa en «la educación cósmica», que tiene por objeto incluir al niño en su sociedad, la historia de su planeta, de su país, de su lengua y de las cifras que utiliza. Tiene sed de comprender el papel y las necesidades de los animales, las plantas y todo lo que lo rodea. De esto se desprenderá un gran respeto por su entorno. Incluyendo al niño en la historia de la Tierra, del lenguaje y de las matemáticas, se lo hace consciente de lo que debe a los que lo han precedido. También se lo hace responsable de la continuación de esta historia.

Para la geografía, la historia, la biología, la geología, la ecología, las matemáticas y, por supuesto, para el lenguaje, se ofrece al niño la posibilidad de manipular material de desarrollo. El objetivo es comprometer al conjunto de su persona. La manipulación del material le permite ejercer su juicio y conducirlo, etapa tras etapa, a la abstracción. Uno de los objetivos de la pedagogía montessoriana es permitir al niño comprender el proceso de razonamiento más que el resultado de este razonamiento. Se indica también la etimología de los términos empleados siempre que esto pueda ser útil y pertinente.

En cada ámbito, se favorece la investigación de los niños, individual o colectiva, así como la experimentación. Se les muestra cómo realizar búsquedas, cómo trabajar en grupo, cómo crear un texto, un informe, un fresco histórico, etcétera. Esto puede implicar trabajos artísticos y manuales. También puede ser la ocasión de visitas al exterior o de encuentros relacionados con sus centros de interés. Una vez terminada la investigación, los niños siempre tienen la posibilidad de exponerla a los demás, de presentar un informe oral al grupo, explicando lo que han descubierto. Esto genera una excelente dinámica que permite a los niños integrar sus nuevos conocimientos y desarrollar la autoestima.

El objetivo es suscitar la curiosidad, el interés y la capacidad de maravillarse. El profesor intenta despertar las preguntas, a las que el niño responderá con sus investigaciones personales.

¡Sobre todo, acompañar al niño en su comprensión del mundo lo ayuda a tomar conciencia de que es importante respetarlo! Además, comprender que trabajar en colaboración con los demás da la fuerza de triunfar incita a los niños a respetarse mutuamente. Nos necesitamos los unos a los otros.

Las particularidades de la clase elemental Montessori

Amélie Poulin, educadora AMI 3-12 años
y directora de una escuela Montessori en Montreuil (93)

El niño debe haber terminado su ciclo de los 3-6 años antes de poder beneficiarse del ambiente de los 6-9 años. A los 5 años, un niño todavía necesita de vida práctica y de actividades sensoriales, que no encontrará a los 6-9 años.

El niño de 6-9 años continúa eligiendo libremente su actividad siguiendo sus «guías interiores», siempre que su actividad comprometa su inteligencia, su reflexión, su concentración y no moleste a los demás. Se proponen al niño amplias zonas de trabajo ininterrumpido, porque necesita tiempo. Esto favorece la concentración, la exploración en profundidad y la repetición hasta la perfección.

Las lecciones en pequeños grupos son más numerosas que a los 3-6 años. Es una dinámica que ahora necesitan. La elaboración de los conocimientos se opera en la discusión, el intercambio y la argumentación. Los niños tienen un instinto gregario e intentan de todas las maneras encontrarse. Es importante permitirles estar en grupo de manera constructiva (personalmente, socialmente y en la adquisición de los conocimientos).

El adulto introduce nuevos conceptos durante una lección en pequeño grupo o individualmente. Después, el niño explora, repite, investiga, profundiza, continúa con ejercicios... El adulto insiste, sigue, guía y representa según las necesidades. El trabajo puede adquirir diversas formas: con o sin material, lectura, investigación, trabajos manuales, artísticos, proyectos...

Un gran grupo de niños con un equilibrio entre las edades permite una mayor dinámica y una mayor riqueza, porque cada niño aportará a los demás sus intereses, sus elecciones, sus iniciativas y sus talentos particulares.

El respeto y la aplicación de estos principios aportan armonía y equilibrio a la clase. De esta manera, ayudamos a los niños a desarrollarse: independencia, concentración, colaboración, esfuerzo, persistencia, confianza en uno mismo, autoestima, orden interior, madurez...

La educación cósmica

«La educación cósmica», el término puede parecer extraño o anticuado, no olvidemos que se eligió a principios del siglo XX para designar el conocimiento del universo. La educación cósmica es una visión de conjunto que presenta el universo como un sistema ordenado. Esta presentación, que recurre a la razón y a la imaginación de los niños, únicamente está destinada a los niños de 6-12 años, porque este enfoque corresponde a las características de esta franja de edad:

• Utilizar la imaginación para comprender la realidad, más allá de los sentidos.
• Explorar la cultura.
• Razonar.
• Desarrollar la conciencia y la moral.

La educación cósmica es un enfoque global que da claves de comprensión yendo de lo general a lo particular y pone el acento en las relaciones de interdependencia entre los diferentes elementos. Se hace en forma de grandes historias. Cada una da una visión de conjunto e impresiones que marcarán la imaginación, el interés y la admiración de los niños, y a continuación estos podrán explorar cada historia con mayor detalle.

Estas historias son voluntariamente limitadas, porque se quiere dejar que emerjan las preguntas, la curiosidad y la investigación. El adulto no es la única fuente de información.

Existen cinco grandes historias:

- **La historia del universo** se cuenta primero, de manera alegórica, como una pieza de teatro. Relata la formación de los diferentes elementos que constituyen el cosmos. Esta historia se acompaña de carteles y experimentos científicos que ilustran algunos puntos esenciales. La idea es que cada elemento obedece a leyes. Se aborda la formación del aire, del agua y de la materia sólida.
- **La historia de la aparición de la vida** presenta la llegada de las plantas y los animales, seguida de la aparición del ser humano, que surge brevemente al final del relato. Esta gran historia se acompaña de un gran rollo histórico.
- **La historia de la aparición del ser humano** y de nuevas capacidades. Aborda: la inteligencia, el trabajo manual, la capacidad de amar.

- **La historia de la escritura** presenta uno de los grandes inventos de la humanidad: la historia de la comunicación mediante los signos.
- **La historia de los números** termina la serie.

Estas cinco grandes historias se cuentan al inicio del año a los niños de 6 años. Se repiten con los mayores de manera diferente y con mayor profundidad a lo largo del ciclo.

Este enfoque da una visión positiva de la historia del ser humano para que el niño se sienta feliz de formar parte de la sociedad humana. Esta visión lo invita a mantener el equilibrio de nuestro mundo. Por otra parte, esto no impide hablar de las dificultades, sobre todo a una edad en que el niño necesita establecer la diferencia entre el bien y el mal.

Lo que conviene recordar

Una clase Montessori es:

- Un entorno preparado, ordenado y estimulante, adaptado al niño, es decir, adaptado a su tamaño y a su fuerza, a sus necesidades y a sus periodos sensibles.
- Material pedagógico:
  - elaborado científicamente,
  - que aísla los conceptos,
  - sensorial,
  - adaptado a la fuerza y al tamaño del niño,
  - estético,
  - que contiene su propio control del error.

- Un educador y una actitud. El papel del educador es observar, presentar el material, ser el garante del ambiente y acompañar al niño en su desarrollo personal. Para ello, es paciente, servicial, capaz de atraer al niño hacia la actividad y de escucharlo y observarlo.

Montessori, ¿y después?

Valérie Touze, educadora Montessori AMI 3-6 años

Soy educadora Montessori y he trabajado durante ocho años en una escuela bilingüe de la región parisina. Nuestra pequeña escuela contaba con 30 alumnos de 3 a 6 años cuando empecé, ahora acoge a 50 hasta los 11 años. Cuando enseñábamos la escuela a los padres que se ponían en contacto con nosotros para inscribir a sus hijos, la pregunta que nos hacían con más frecuencia era: «¿Cómo se reintegran después los niños a la escuela llamada tradicional? ¿Cómo viven este cambio?».

Actualmente, puedo responder mejor, con mi experiencia de educadora, pero también con mi experiencia de madre, puesto que mis dos hijos mayores fueron escolarizados en esta escuela durante tres años antes de integrarse en una escuela tradicional, porque la primaria no existía todavía en nuestra estructura montessoriana.

La mayor preocupación es saber cómo pasarán los niños de un entorno donde «pueden hacer lo que quieren» a un entorno donde «están sentados y dirigidos todo el día».

Para empezar, conviene precisar que el paso del parvulario al curso preparatorio siempre es una gran etapa en la escuela tradicional. Los niños trabajan mucho en taller en parvulario y se les pide mucho trabajo individual en el curso preparatorio. En las clases Montessori, a pesar de que el niño no dispone de un escritorio habitual, tiene la costumbre de sentarse solo para trabajar y concentrarse durante su actividad. Cuanto más crece, más aumenta su capacidad de concentración y más tiempo puede permanecer sentado. Desde este punto de vista, el niño que llega de una clase Montessori ¡está casi mejor preparado para el curso preparatorio! En cualquier caso, los profesores del curso preparatorio saben bien que se enfrentan a niños que no estaban sentados durante periodos muy largos de tiempo el año anterior y adaptan su tiempo de clase a la duración de concentración de los niños. La diferencia principal es que, en las clases Montessori, el niño controla el desarrollo de las actividades; aunque el educador lo guía, es libre en la elección de su trabajo. Cuando ha terminado uno, puede pasar a otro. En la escuela tradicional, como toda la clase debe avanzar al mismo tiempo, puede verse obligado a aburrirse si va deprisa o encontrar el trabajo difícil si el ritmo es demasiado rápido para él. Pero esto ocurre con todos los niños, no solamente con los que llegan del sistema Montessori. Estos últimos a menudo son más adaptables y autónomos. Las maestras del curso preparatorio con frecuencia proponen actividades suplementarias para ocupar a los que han terminado rápidamente. Mi segundo hijo iba ligeramente más avanzado que los demás en sus aprendizajes cuando se integró en una clase tradicional y pudo dedicar más tiempo a la socialización, lo cual le fue muy bien, puesto que la mayoría de los alumnos de su clase se conocían desde el parvulario y tenía que hacer amigos. ¡Este pequeño avance, además, le aportó una gran autoestima!

Para concluir, puedo decir que hoy el mayor, que está en 5.º, y el segundo, que está en CM2, tienen muy buenos recuerdos de sus años en la escuela Montessori. Más todavía, me doy cuenta de que conservan una huella sensorial de este periodo. Los conceptos se abordan de manera tan concreta en las clases Montessori que crean bases extremadamente sólidas para la continuación de los aprendizajes. También tienen una gran confianza en sí mismos, ¡todavía hoy!

5.
Montessori en casa

Aplicar la pedagogía Montessori en casa es ante todo cambiar la mirada sobre el niño. Más que el uso de uno u otro material, es sobre todo un estado de ánimo.

Un estado de ánimo

«La preparación para la educación es un estudio de uno mismo, y la preparación de un ser que está destinado a ayudar a la vida implica mucho más que una simple preparación intelectual, es una preparación del carácter y una preparación espiritual.»

La mente absorbente del niño, MARIA MONTESSORI

Se puede decir que el mayor trabajo del educador es reeducarse para cambiar la mirada sobre el niño y servirlo mejor.

La actitud montessoriana puede resumirse en cuatro puntos: dar confianza, respetar al niño, seguir las etapas de desarrollo y ofrecer un entorno favorable.

Confiar: el mejor de los regalos

Confiar en el niño es el mejor de los regalos que se puede hacer para favorecer la confianza. Y desarrollar la confianza es confiar. El niño se siente naturalmente atraído por lo que necesita para crecer. Confiemos en él. Maria Montessori recomienda dejar que el niño evolucione libremente, en un entorno sano y rico en ocasiones de actividades.

No es necesario poner todos los objetos de la casa a mayor altura (aparte de los que son extremadamente frágiles o peligrosos). Es mejor designar estos objetos al niño y explicarle para qué sirven, si puede utilizarlos y, en caso afirmativo, enseñarle cómo, de manera simple, con movimientos precisos. Es como si se le hiciera una «presentación» a la manera de un educador Montessori que muestra una nueva actividad. Es una manera de dar las reglas de la casa y su modo de empleo al niño. Después, el pequeño puede evolucionar por ella con confianza: con una doble confianza, la que tenemos en él y la que esto le proporciona, una confianza en sí mismo. ¡Es más tranquilizador que estar aparcado en una zona sin peligro considerando que el resto de la casa, y del mundo, es una fuente de riesgos imprudentes! El uso del parque a veces es necesario, pero no debe convertirse en una costumbre, en una solución fácil para poner al niño en una jaula, ¡sin posibilidad de molestar y también de aprender! Las barreras para escaleras tampoco deben impedirnos dejar a nuestros hijos que se ejerciten en ellas bajo vigilancia. Es un aprendizaje necesario que requiere tiempo y que puede vivirse de forma totalmente natural, como un juego, como si se estuviera en el parque. Tengamos paciencia, acompañemos al niño en la escalera, peldaño a peldaño, conteniéndolo con la mirada, estando preparados para sujetarlo si es necesario, pero sin que se dé cuenta.

Es mejor mostrar a los niños de dónde vienen los peligros y explicarles cómo evitarlos que protegerlos sin que tengan conciencia de ello (protector de enchufe, protector de esquinas de la mesa baja...). Se trata de sensibilizar ante el peligro a la vez que se confía en ellos. Por ejemplo, cuando un niño sube escaleras sin cesar es que se encuentra en el periodo sensible del movimiento, explora y se ejercita. En lugar de interrumpirlo poniéndolo en guardia o prohibiéndoselo, observémoslo. Quizá lo hace muy bien. Podemos protegerlo vigilándolo sin impedir que lleve a cabo su ambicioso proyecto. Él tiene confianza, confiemos en él. Está superándose y ganando autoestima. Rechaza los límites de sus posibilidades. «¡Soy capaz, lo consigo, me gusta subir escaleras!» ¿Cuántas veces el grito angustiado de un adulto al descubrir a un niño subiendo le hace perder la confianza? ¡Y caerse! Sobre todo cuando el adulto exclama con convicción: «¡Te vas a caer!».

No olvidemos que es esencial dejar que el niño consiga los retos que se fija él solo, aunque estos parezcan inútiles o demasiado difíciles para él. El niño empieza a ponerse retos cada vez mayores cuando ha adquirido la marcha segura. Es lo que Maria Montessori llamaba «el esfuerzo máximo», una tendencia que el niño tiene de probar sus límites, para conocerlos y rechazarlos. Por ejemplo, quiere llevar objetos pesados, caminar grandes distancias o desplazar muebles. Son ocasiones para el niño de ejercer su fuerza física, pero también su fuerza psicológica, porque tener éxito y conocerse desarrolla su autoestima y su confianza en sí mismo. ¡Así que evitemos intervenir demasiado deprisa! Incluso con la intención de ayudarlo, corremos el riesgo de interrumpir su impulso o de sustituir su acción por la nuestra. Lo que busca no es el resultado del reto que se pone (que el sillón se encuentre en un lugar u otro), sino sobre todo el ejercicio en sí mismo (llevar ese sillón a pesar de su tamaño para demostrarse que puede actuar sobre su entorno). Para ello, una palabra clave: ¡observemos al niño actuar por sí mismo! De esta manera, consigue la certeza de que sus esfuerzos dan sus frutos y esto desarrolla su perseverancia y su gusto por el esfuerzo.

Toma tiempo, es cierto. Pero el tiempo que se concede al niño es el mejor regalo que se le puede hacer. Estar disponible para los hijos no es correr para acompañarlos de una actividad a otra ni proponerles una pantalla de televisión para que estén tranquilos porque están pasivos. Estar presente es estar presente en la relación.

La misión de los padres es velar por la seguridad del niño. Pero a veces, para garantizar su seguridad, se daña su seguridad interior. Sin embargo, esta es esencial. Los adultos, a pesar de su buena voluntad y sus esfuerzos, a veces tienen una influencia negativa sobre el niño y rompen su seguridad interior. La acumulación de pequeñas «heridas», los impedimentos para actuar, para arriesgarse, para terminar una actividad o expresar una idea, son obstáculos para el correcto desarrollo del niño. En cierta manera, indican una falta de respeto hacia el niño. Esta manera que tiene el adulto de mostrar que es superior hace bajar la confianza en sí mismo del niño, inexorablemente. Se siente inferior, impotente, incapaz. Por no hablar de frasecitas como: «Solo eres un niño…».

La socialización

¿Cómo tiene lugar la socialización en una clase Montessori si cada uno elige lo que quiere hacer?

Es una pregunta que se plantea con frecuencia. Pero no hay que imaginarse que basta con verse obligado a estar en la misma habitación haciendo lo mismo al mismo tiempo para socializar. La integración social tiene lugar cuando el niño se identifica con su grupo hasta el punto de que este es coherente porque cada miembro es consciente de esta pertenencia. Cada uno tiene entonces el sentido del otro. Todo el mundo sabe que existe una interdependencia entre él y el resto del grupo y que los actos de cada uno tienen consecuencias sobre el conjunto. Esto supone la integración y el respeto de unas reglas. Los factores de socialización son numerosos y espontáneos en las clases Montessori, porque son lugares de vida y de intercambio.

La agrupación de los niños por grandes franjas de edad favorece estos intercambios, porque tienen los mismos periodos sensibles. Atraviesan los mismos estadios de desarrollo y tienen las mismas necesidades. La ausencia de evaluación y de competición desarrolla la colaboración. Los mayores ayudan a los más pequeños. El hecho de que cada pieza de material se encuentre en un solo ejemplar incita también a los niños a cooperar, puesto que necesitan organizarse, esperar, tener en cuenta los proyectos de los demás y adaptarlos a los propios. Esto conduce a observar y a negociar. El hecho de que todos los niños participen en el cuidado del ambiente (limpieza, preparación de la merienda, cuidado de las plantas...) también favorece su sensación de pertenencia al grupo. La presencia de tiempos colectivos también permite que el grupo se cohesione. A los 6 años, el niño es un recién nacido social: ¡abierto a los demás! La resolución de los conflictos mediante el método del diálogo pacífico mantiene al grupo unido. Esto educa para la paz.

Al mirar un magnífico documental sobre Catherine Destivelle, *Au-delà des cimes,* una frase en particular me sorprendió. Cuando le preguntaron cómo se había convertido en la mejor escaladora del mundo, a pesar de haber crecido en la región parisina, dijo claramente que era gracias a su educación liberadora: «No había prohibiciones, mis padres nunca me dijeron: "No escales porque es peligroso". Eso me permitió hacer muchas cosas desde muy joven […], cosas que muchos jóvenes no podían hacer porque sus padres les decían: "Eres demasiado joven" o tenían miedo de que sus hijos se hicieran daño». En otras palabras, confiaban en ella. Es un buen ejemplo de éxito debido a la confianza. Es mejor enseñar al niño el sentido del esfuerzo respetando sus propios retos que sermoneándolo.Debemos aceptar la motricidad del niño e intentar favorecerla. Si se cae, en lugar de regañarle, por qué no animarlo y ayudarlo a volver a empezar. Siempre hay que devolver su confianza el niño. No decirle nunca que jamás se podrá volver a confiar en él u otra fórmula de este tipo. Esto hace perder toda esperanza de progreso y condena al niño más que su comportamiento, cuando es este el que hay que despreciar, diciendo más bien: «Has traicionado mi confianza al actuar así...».

De la misma manera, cuando un niño actúa mal, conviene describir el mal carácter de su acción en lugar de decirle que es malo. «Lo que has hecho está mal» no tiene el mismo valor negativo que «¡eres malo!». Esta formulación encierra al niño en una mala actitud y le atribuye un defecto a largo plazo. De manera general, conviene describir el comportamiento que no nos gusta en lugar de criticar directamente al niño con frases que comportan el pronombre TÚ, porque se dice que «el TÚ mata», en otras palabras, la crítica destruye. Por no hablar de los insultos...

El niño tiene sed de imitar al adulto. Si se le dan menos juguetes para mantenerlo ocupado y así liberarnos, se siente rápidamente atraído por lo que hacemos. Un día quiere lavar los platos, otro pretende pelar las verduras, al día siguiente tiene ganas de vaciar la lavadora. Pero a menudo se le dice: «No, eres demasiado pequeño» o «Cuando seas mayor». Pero cuando llegue ese día, sin duda ya no tendrá ganas... Este periodo sensible habrá pasado y no habrá aprendido a hacerlo espontáneamente. Ofrezcamos a nuestros hijos la posibilidad de hacerlo con nosotros. Esto les permitirá hacerlo pronto solos. Es cierto que toma más tiempo, es cierto que puede ensuciar, puede romperse un objeto..., pero es poca cosa, en definitiva, al lado de ese niño que se construye con ganas. Preservemos el deseo de aprender desde la más tierna edad. No lo dejemos para más tarde. Cuando el niño «se realiza», le gusta su entorno, tiene confianza.

Proponer al niño oportunidades de éxito, darle ocasiones de triunfar, expresarle nuestro orgullo y favorecer su autonomía son medios de potenciar su propia estima. Luchemos contra los complejos de inferioridad que se instalan durante la infancia y que pueden durar toda la vida. El niño que se siente amado de manera incondicional, tal como es, tiene confianza en sí mismo. Para sentirse bien con uno mismo, hay que aceptarse y, para ello, es necesario sentirse aceptado, ¡incluso cuando no se es perfecto! También hay que reconocer que no se puede gustar a todo el mundo.

El apoyo escolar

Para apoyar a un niño que tiene dificultades de aprendizaje, lo primero que hay que hacer es aceptar sus resultados.

Hay que considerar que son sus notas y no las nuestras. Esto es más difícil cuando uno se ha implicado mucho en el trabajo personal del niño y lo ha ayudado con sus deberes. Es conveniente acompañar al niño, pero con cierta medida. No se trata de hacer el trabajo en su lugar. Al niño le gusta saber que el adulto está disponible para responder a sus eventuales preguntas. Pero sin necesariamente sentarse al lado del niño del principio al final de sus deberes dirigiendo o controlando toda su actividad. Esto puede crear dependencias que condicionarían al niño en su autonomía. Lo cual podría también parasitar su propia motivación. Como dice Maria Montessori, hay que saber estar disponible y, por lo tanto, ser tranquilizador, sin estar demasiado presente e incluso invadir.

Cuando se le entrega la cartilla, el niño puede leer él mismo sus notas a sus padres en lugar de al revés. Ya conoce sus resultados. Toma más conciencia de ellos si los relee él mismo. Es SU trabajo, el resultado de SUS esfuerzos. Pero las notas no son en ningún caso el reflejo de los propios niños. Hay que relativizar. Si el resultado es bueno, está satisfecho, si es malo, se siente decepcionado. Nosotros también, compartimos su orgullo o su decepción, pero solo él conduce sus aprendizajes. Debe comprender que trabaja para ÉL y no para complacer a sus profesores o a sus padres. Aprende para su futuro. Se construye. Idealmente, es deseable que el niño aprenda por gusto y no para tener buenas notas y todavía menos para obtener buenos resultados para complacer a una tercera persona u obtener recompensas. Esto pude disminuir la motivación, que debe ser natural: a todos los niños les gusta triunfar. Si se lo felicita o se lo recompensa demasiado, ya no busca tanto complacerse a sí mismo como complacer a los demás. Su impulso espontáneo se ha desviado. Por supuesto, un niño que ha perdido toda la motivación puede necesitar que lo animen, pero, en la medida de lo posible, hay que incitarlo a progresar PARA ÉL. Es lo esencial: trabajar para su propio desarrollo. Si el niño tiene dificultades reales desde un punto de vista intelectual o metodológico, lo que necesita es apoyo en lugar de un castigo. Cuando un niño pierde los estribos porque se siente fracasado, en lugar de hacerle reproches, es mejor ayudarlo, acompañarlo hacia el éxito considerando UN problema a la vez para que no se sienta desbordado. Hay que aislar las dificultades.

Favorecer la confianza es favorecer la autocorrección y la autodisciplina de los que hemos hablado en los capítulos anteriores.

Si una actividad no comporta control del error y el niño se equivoca, se lo puede ayudar a descubrirlo por sí mismo haciéndole preguntas en lugar de poner el dedo encima. Por ejemplo, a un niño

Fotos 1 y 2. Un ambiente ordenado y estimulante

Foto 3. Un material científicamente elaborado

Foto 4. Un material que aísla las cualidades

Foto 5. Un material sensorial

Foto 6. Un material sensorial. El material de las jerarquías presenta el sistema decimal de la unidad al millón.

Foto 7. Un material estético que seduce e invita a la actividad. El material de las formas de dibujo prepara para la escritura.

Foto 8. El material sensorial

Foto 9. El material de matemáticas.
La primera bandeja presenta el sistema decimal.

Foto 10. El material de lenguaje

Foto 11. El material de ciencias. Una experiencia científica: encender una vela y constatar que la ausencia de oxígeno la apaga.

Foto 12. El material de historia y geografía

Foto 13. El material de música. Las campanillas
permiten escuchar las notas y los semitonos.

Foto 14. El material de arte

que escribe: «Los gatos se ha marchado», se le puede preguntar: «¿Cuántos gatos se han marchado?». Esto despierta en él la reflexión y la mayoría de las veces, la autocorrección. Es más beneficioso que decirle: «¡Has vuelto a olvidarte la ene! », o peor: «Te olvidas siempre la concordancia entre el sujeto y el verbo, ¡realmente eres un despistado!». ¡Demos confianza a los niños poniéndolos en situación de hacerlo bien!

Es conveniente valorizar lo que es positivo, evitar las críticas severas y acoger lo que siente el niño en dificultades frente a SU fracaso. Escuchándolo, puede encontrar el camino de una mejora. Él mismo es portador de su propia solución. Se puede ayudar al niño a considerar su fracaso como un trampolín, una etapa casi necesaria para el éxito.

El niño respetado respetará

Favorezcamos la cortesía con nuestros semejantes tanto como con las personas que no conocemos. ¿Por qué estas últimas serían más dignas de respeto que las que conocemos? Seamos educados con nuestros hijos. Ofrezcámosles lo mejor que tenemos. Ser educado con ellos es el mejor medio de darles la cortesía como ejemplo. Respetar a un niño es permitirle respetarse a sí mismo y enseñarle a respetar a los demás y al entorno.

ENSEÑAR LA CORTESÍA

Cuando un niño hace una tontería, como romper un vaso, por ejemplo, con frecuencia se lo regaña. Se le hacen reproches. ¿Por qué culpabilizar al niño cuando le puede pasar a todo el mundo y todavía más a un pequeño que todavía no ha ejercitado mucho su habilidad? Se le puede mostrar cómo limpiar, si su edad lo permite, como haríamos si hubiéramos roto algo nosotros mismos. Reñirlo sin permitirle reparar dificulta su confianza en sí mismo y le produce un sentimiento de inferioridad. Tiene mucho que aprender, pero no es inferior.

«La lenta [...] demolición de su personalidad infantil continúa bajo el camuflaje de la autoridad paterna. Cuando el adulto ve a un niño mover un vaso, tiembla ante la idea de que podría romperse [...], si un invitado rompiera un vaso, se apresuraría [...] a decirle que no tiene importancia y que el vaso no tenía ningún valor. [...] El niño tiene, pues, la sensación [...] de que una inferioridad particular lo coloca por debajo del resto del género humano», escribía Maria Montessori en *El niño*. Es importante dar muestras de flexibilidad con nuestros hijos. No somos rígidos con nuestros invitados, ¡no lo seamos con nuestros hijos! Respetémoslos como si fueran nuestros huéspedes, porque quien se siente respetado respetará. No dudemos en pedirles perdón si lamentamos habernos enfurecido. No debemos tener un aspecto invencible. Podemos dar ejemplo presentando nuestras excusas. Françoise Dolto explicaba que el silencio acentúa la violencia. Pedir perdón a un niño no pone en duda la autoridad de los padres, incluso puede restablecerla sobre una base de confianza y respeto, puesto que vuelve a introducir el diálogo.

LUCHAR CONTRA LA VIOLENCIA

De la misma manera, cuando lo pegamos, damos muestras de fuerza y de superioridad, pero ninguna muestra de autoridad. ¿Aplicaría un castigo corporal a un invitado si pusiera los pies sobre las frágiles barras de la silla o si se balanceara en ella o si no hiciera lo que usted espera de él? Pegar a un niño es decirle que se tiene derecho sobre su cuerpo y que este no es respetable. Esto puede incitarlo a no respetarse y a sentirse indigno. Por otra parte, da un ejemplo de violencia, como si esta pudiera ser un modo de comunicación o un medio de resolver los problemas. Esto puede dar falsas ideas al niño: «Amar es hacer daño, puesto que me dicen que es por mi bien. Los más fuertes pueden pegar a los más débiles para ayudarlos. La violencia es normal…». Está prohibido desde hace tiempo pegar a un adulto. ¿El niño es un ser inferior para que esté permitido corregirlo haciéndole daño? Está legalmente prohibido recurrir a la violencia educativa en más de quince países europeos, pero también en Nueva Zelanda y en otros muchos países.[8] Está en tela de juicio en Francia. Pero son reflejos todavía muy arraigados en nuestras mentalidades, puesto que nosotros, de niños, fuimos educados en una época en que se hacía «por nuestro bien». Son muchos los que exclaman: «Esto no nos ha traumatizado». Sin embargo… En cualquier caso, es algo que deja huellas. Poner en duda el modelo de la violencia educativa significa

8. Véase el Observatorio de la Violencia Educativa Ordinaria, <www.oveo. org>.

a menudo poner en duda la educación que se ha recibido. Ahora bien, esto no siempre es fácil. Sin embargo, hay que librarse de la autoridad que hace obedecer con el miedo, porque puede destruir la confianza en uno mismo y la autoestima, sobre todo en los más pequeños.

Cabe señalar que los gritos a veces hacen tanto daño como los golpes...

PONER LÍMITES

«Debemos esforzarnos para comprender mejor la personalidad del niño. Ante todo, el primer deber del educador –tanto si se ocupa de un recién nacido como de un niño mayor– consiste en reconocer y respetar la personalidad humana de este ser nuevo.»

L'Enfant dans la famille, MARIA MONTESSORI

No obstante, no castigar a un niño corporalmente no significa que se le permita hacer de todo. Aunque el niño es una persona, no por ello es mayor. Todavía no está en condiciones de elegirlo todo. Necesita la autoridad de un adulto para definir unos límites. Pero esto puede hacerse sin recurrir a la intimidación y al miedo al dolor.

¿Por qué no abandonar el esquema según el cual el adulto fija siempre el objetivo de aprendizaje y se enfada si este no se alcanza (lo cual, por otra parte, es muy frecuente, puesto que el objetivo no es aceptado por el que debe alcanzarlo)? ¿Por qué no sustituirlo por un proceso más natural, según el cual el niño fija él mismo su objetivo de aprendizaje? En este caso, el niño alcanza la mayoría de las veces su objetivo y, si no ocurre así, se decepciona, pero no se siente humillado por una reprimenda. Esta decepción estimula por sí misma la actividad para alcanzar el objetivo. El niño se vuelve a motivar, mientras que un castigo, incluso un reproche, puede bloquearlo en su impulso. El adulto, cuando deja de querer controlarlo todo, interviene cada vez menos y deja una parte más importante a la confianza. ¡Respetemos la personalidad de nuestros hijos!

El enfoque Montessori no es favorable ni a los castigos ni a las recompensas, puesto que ambas cosas generan dependencias inútiles. Lo ideal es comunicarse con el niño que se comporta mal, hablarle y escucharlo. Pero es importante marcar los límites cuando un niño los supera desmesuradamente. Con los niños suficientemente mayores, una manera de marcar los límites, en mi opinión, es el aislamiento temporal. De esta manera, se hace comprender al niño que no es capaz de vivir cívicamente en sociedad, se lo aparta momentáneamente de ella durante un corto tiempo y sin darle demasiada importancia. No se trata de que se sienta excluido o rechazado, sino aislado durante un tiempo corto. Por otra parte, es mejor no mandarlo siempre al mismo lugar para que no asocie un lugar en particular a una especie de prisión, sobre todo no a su habitación y todavía menos a su cama. Esto podría producir trastornos del sueño. No es necesario que se cierre una puerta tras él cuando se aísla, porque no se trata de generar en él una sensación de soledad angustiosa. Solo hace falta que el niño acepte la situación: «Si respeto las reglas del juego, puedo jugar, en caso contrario, no puedo jugar». Este tiempo de distanciamiento puede tener lugar justo al lado del grupo.

No se debería regañar a un niño si no se lo ha avisado antes de lo que podía hacer y lo que no. No es justo. Las reglas del juego deben ser claras. Hay que avisar y explicar.

Para que existan menos conflictos, se puede adquirir la costumbre de anticiparse dando las reglas del juego de antemano. Las reglas, expuestas con calma y firmeza, incluso explicadas, son más fáciles de integrar que las instrucciones ordenadas en el último minuto. Estas últimas pueden ser mal recibidas, mal vividas y generar grandes frustraciones que, en definitiva, hacen desgraciado a todo el mundo. Pongamos un ejemplo: un niño juega en una estructura de juego de un parque. Necesita prepararse psicológicamente antes de regresar a casa. Es mejor avisarlo de antemano y varias veces del tiempo que le queda para jugar. Si se lo interrumpe bruscamente en plena acción y se le conmina a abandonar el lugar de repente, puede reaccionar mal... ¿Quién no ha experimentado esto? ¿Como padres o como niños? Todos necesitamos una fase de transición para prepararnos psicológicamente para un cambio.

Una buena solución, cuando un niño se siente muy frustrado, es darle una opción. Esto le da la sensación de que participa en la decisión que el adulto toma con él. No se trata de manipularlo, sino de integrarlo en la toma de decisión. Por ejemplo, no se puede, en pleno invierno, dejar una libertad total a un niño a la hora de elegir sus prendas de vestir.

No es posible que se ponga unas bermudas a diez bajo cero. Sin embargo, todos nos hemos encontrado con niños que quieren ponerse ropa inadecuada para las circunstancias y reaccionan vivamente si no se les permite. Se les puede dar a elegir entre dos prendas o dos tipos de prendas para atenuar su frustración. «Puedes ponerte unas bermudas con unos leotardos o un pantalón, tú eliges.» Esta elección devuelve al niño una parte de su dignidad.

No olvidemos que el niño no es malo cuando actúa mal, expresa, a su manera, una descarga emocional a menudo relacionada con necesidades insatisfechas (atención, calma, afecto, concentración, libertad, seguridad...). Entonces, su cerebro arcaico es el que domina y lo empuja a reaccionar de manera instintiva agrediendo o evitando (huida o retirada). Lo que necesita en este momento no es un castigo (grito, aislamiento, violencia verbal o física), sino que lo escuchen y lo comprendan. Necesita firmeza y un recordatorio de las reglas, cierto, pero también ayuda para expresar, y por ello analizar, lo que ha pasado y lo que siente. De esta manera, su cerebro madura y se desarrolla armoniosamente sin quedar estupefacto por una reacción del adulto violenta o despro-porcionada, como explica muy bien la doctora Gueguen. El niño puede entonces canalizar sus impulsos y controlarlos. Mientras que, si el adulto tiene reacciones demasiado severas y chocantes, el niño, además de quedarse paralizado, puede sentirse humillado y todavía más estresado, lo cual desenca-dena en él nuevas agresividades, porque las neuronas espejo lo incitan a reproducir lo que ve. A la larga, el niño podría volverse angustiado, triste e incluso depresivo. A la inversa, si somos benevolentes y empáticos en estos momentos, él también lo será. Para gestionar bien esto, tenemos que estar en paz con nuestro niño interior y evitar, cuando reaccionamos en exceso castigando demasiado, añadir frases del tipo «es por tu bien». Recordemos siempre que el cerebro del niño todavía es inmaduro y que lo absorbe todo.

Por lo tanto, en el momento de la crisis, recordemos que es mejor:

- Una actitud calmada que tranquilice con un contacto físico o una caricia que exprese el amor incondicional.
- · Un recordatorio de las reglas.
- Un diálogo, una oportunidad de poner en palabras los males una vez que todo el mundo está tranquilo.

GUIAR POSITIVAMENTE

Cuando un niño es muy revoltoso, con frecuencia lo que ocurre es que utiliza todos los medios para atraer la atención. Está dispuesto a todo para atraer las miradas. Prefiere una atención negativa que ninguna atención. Entonces, ¿por qué no colmar sus expectativas prestándole más atención? Se lo puede ayudar valorizándolo, insistiendo en lo que es positivo, dándole misiones…, pero regañarlo y humillarlo no harán más que acrecentar su carencia afectiva y aumentar su agitación.

El pediatra Pierre Lemoine, en su libro titulado *Transmettre l'amour*, utiliza una fórmula que me parece muy útil: cuando un niño actúa mal para atraer la atención, «ni una palabra, ni un gesto». Reaccionar a sus acciones negativas solo puede estimularlas. En efecto, esto le da poder, porque alcanza el objetivo que busca. Mientras que, si no le prestamos la más mínima atención y nos interesamos por el niño de manera positiva en otros momentos, favoreceremos sus comportamientos positivos. Tiene que comprender que lo mejor para atraer la atención –en otras palabras, para sentirse amado– ¡es suscitar el amor y no la furia!

El niño agitado debe ser atraído hacia la actividad constructiva, la que estimula su desarrollo. Es decir, hay que conseguir que las actividades sean seductoras, estimularlo intelectualmente. Porque gracias a una actividad concentrada y, por lo tanto, constructiva, se tranquilizará. En un conflicto de intereses entre un niño revoltoso y un adulto que quiere calma, ¡es necesario que uno de los dos se comporte como un adulto! Para ello, este último debe dominarse a fin de contener la agitación y acoger el malestar del niño para que este desaparezca. Aceptar al revoltoso y atraerlo hacia la actividad que pueda despertar su interés. Porque el interés produce un cambio que lo vuelve más sereno. Para ello, hay que intentar incansablemente suscitar su curiosidad. Pero este cambio solo puede tener lugar si el niño se siente aceptado y «su depósito emocional está lleno», como explica muy bien Gary Chapman en su libro *Langages d'amour des enfants* (cf. Bibliografía, p. 260).

RESPETAR

Aceptar al niño tal como es representa renunciar al niño con el que se había soñado, despedirse del niño modelo que se imaginaba. El niño que tenemos delante es muy real. Es él mismo. Aceptarlo así es ayudarlo a aceptarse a sí mismo. Reconocer su individualidad y su personalidad es amarlo. El amor incondicional le permite crecer y desarrollarse.

El niño que se hace digno de respeto está dispuesto a tener en cuenta las necesidades de los demás. Encuentra su lugar en el seno del grupo, ¡a la vez que deja lugar a los demás! Es un elemento esencial en la educación considerada como un camino hacia la paz. Maria Montessori redactó obras cuyos títulos son muy elocuentes: *Educación y paz* y *L'Éducation pour un monde nouveau*. El educador, al acompañar al niño en su crecimiento, debe dar ejemplo de paz. La paz es un arte que se aprende desde la más tierna edad, a pequeña escala. La paz que se teje entre los seres, entre los niños y los adultos, entre hermanos y hermanas, entre alumnos, es la fuente de la paz que puede existir entre las naciones. Aceptar al otro y reconocer sus derechos empieza muy temprano. Es la condición de la tolerancia: considerar que todos somos dignos de respeto, tanto si somos iguales como diferentes. Creemos un ambiente afectuoso y benevolente.

DISTINGUIR LO REAL DE LO IMAGINARIO

La diferencia entre lo verdadero y lo falso, entre lo real y lo imaginario no siempre es evidente para el niño, que acumula percepciones de todo tipo. Sin embargo, es una condición indispensable para su buen desarrollo. Por eso, es conveniente procurar que tenga una buena percepción de la realidad.

Para ello, es importante esperar que esta se encuentre bien anclada antes de introducir historias imaginarias.

No obstante, nuestra cultura multiplica las historias fantásticas y siempre las presenta como historias para niños. Pero se trata claramente de historias de personas mayores inventadas por adultos. Es cierto que los niños inventan historias imaginarias y las aprecian, pero a menudo lo hacen porque los hemos impregnado de esta atmósfera. Hemos desarrollado en ellos una inclinación por lo extraordinario. Pero, instintivamente, el niño se siente ante todo atraído por lo real.

El pequeñín se interesa por lo concreto. Es verdad que lo fantástico lo hará soñar con el tiempo, pero ¡dejemos que se impregne de la realidad! Se ven muchos niños que tienen auténticas dificultades para diferenciar unas cosas de otras y que confunden los dos universos. Estos niños pueden tener problemas debido a esta permeabilidad entre lo verdadero y lo falso. Incluso pueden confundir lo que ha ocurrido con lo que imaginan que ha ocurrido...

Elijamos, en un primer tiempo, historias y libros que describan su universo y su vida cotidiana con situaciones concretas y realistas. Por las mismas razones, es mejor preferir los libros cuyos personajes son seres humanos en lugar de animales que viven como los seres humanos. Por otra parte, existen libros magníficos que presentan a los animales en su entorno natural. Una vez que el niño esté bien inscrito en la realidad, podrá enfrentarse a libros que humanizan a los animales y que son tan frecuentes en la literatura infantil.

Después de todo, el antropomorfismo tiene su encanto y permite ver las cosas con perspectiva.

Una vez que el niño tenga una percepción muy realista del mundo, podrá apreciar los cuentos sin tener miedo. Estos son importantes, porque forman parte de nuestro patrimonio cultural, pero no fueron creados originariamente para los niños. A menudo, dan miedo y pueden generar angustias o pesadillas.

De la misma manera, podemos preguntarnos sobre la necesidad de creer realmente en Papá Noel, en el ratoncito Pérez o el hada de los dientes... Es cierto que son historias que gustan a los pequeños –y sobre todo a los mayores...–, pero si se asegura a los niños que son historias verdaderas, se les miente. Es para soñar, es para divertirse, dicen algunos, pero ¿quién se divierte? Sobre todo los que lo cuentan. Esto puede trastornar la percepción que tiene el niño de la realidad. Un buen día, cuando se da cuenta de que es una leyenda, puede sentirse decepcionado. Quiere creérselo y a veces se miente a sí mismo para continuar creyendo, porque darse cuenta de que le han dicho una mentira lo entristece. No es tanto el hecho de que no exista Papá Noel lo que lo trastorna, sino el hecho de renunciar a algo en lo que creía, en lo que lo habían hecho creer. Corre el riesgo de perder la confianza en su percepción del mundo. Porque, después de todo, quizá hay muchas otras cosas que parecen ciertas y que no lo son.

También puede sentirse traicionado por los adultos, que le han enmascarado la verdad y le han contado historias.

Puede sentirse la víctima de una superchería. Aunque no siempre sea tan dramático, por qué no presentar a los niños estas costumbres como bonitas historias imaginarias contadas con motivo de hechos muy reales: la costumbre de ofrecer regalos en Navidad y monedas cuando se caen los primeros dientes... No olvidemos que estos dientes se caen alrededor de la edad de la razón, así que no la trastornemos.

Ayudar al niño a percibir la verdad, no dificultar su correcta representación de la realidad es una cuestión de respeto que debemos al niño. Imagine que le enseñan una lengua errónea cuando se muda a un país extranjero cuya cultura no conoce... Respetar a un niño es también no mentirle.

COMUNICAR

«Debemos ayudar al niño a librarse de sus defectos sin hacerle percibir su debilidad.»

L'Enfant dans la famille, MARIA MONTESSORI

Respetar al niño es comunicarse bien con él, es escucharlo y saber hacerse escuchar. Para ello, hay que favorecer la expresión de los sentimientos y las emociones. Negar el sentimiento de alguien hace bajar la estima que tiene de sí mismo. Todos los sentimientos son aceptables, lo que puede ser inaceptable son los comportamientos. Cuando se quiere hablar a un niño de uno de sus comportamientos que nos importuna, es mejor evocar este comportamiento describiendo hechos que nos molestan en lugar de criticar al niño. Por ejemplo, es mejor decir: «Has dejado el desayuno tal cual en la mesa y esto me molesta» que: «¡Te has pasado! Lo has dejado todo en la mesa de la cocina, ¡eres un desordenado y un descarado!». La idea es ayudar al niño a perfeccionar su actitud sin atentar contra su autoestima.

Cuando es el niño el que tiene un problema, hay que ayudarlo a verbalizar lo que siente para permitirle encontrar en sí mismo sus propias soluciones. En su libro *Técnicas eficaces para padres*, Thomas Gordon expuso un excelente método de escucha activa para ayudar a los niños y a los padres a comunicarse, evitando juicios, interpretaciones e incomprensiones. Explica también cómo resolver los conflictos en familia. Las obras de las canadienses Faber y Mazlish que tratan del mismo tema, así como los libros sobre la disciplina positiva, son buenas herramientas de comunicación no violenta y benevolente.

La escucha activa según Thomas Gordon

Delphine Delecourt, formadora del Taller Gordon

«Hablar es una necesidad, escuchar es un arte.»
Máximas y reflexiones, Goethe

¿Por qué aprender a comunicarse? Porque no siempre es evidente ni natural. A veces, nos encontramos en situaciones de incomprensión, de malestar, de tristeza o de cólera. Sin embargo, no podemos atribuir al otro todas las dificultades que tenemos para hacernos comprender, de la misma manera que no debemos sentirnos culpables cuando no comprendemos al otro. En cambio, podemos mejorar en este peligroso ejercicio. Por ejemplo, el método Gordon nos propone recuperar los fundamentos del diálogo familiar para construir un clima de confianza.[9]

Para comunicarse, es importante ser dos. Comunicar es escuchar para que los demás hablen y es hablar para que los demás escuchen.

Comunicar es ante todo escuchar para que mi hijo hable

Por ejemplo, cuando mi hijo me dice que no quiere ir a su actividad del miércoles, es fundamental que lo escuche, sin lanzarle mi cantinela: «Estás inscrito para todo el año...». En efecto, detrás de su negativa y su reticencia, se oculta una necesidad no satisfecha y una emoción fuerte (miedo, cólera) que es importante descubrir escuchando activamente. Escuchar a mi hijo es acoger sus necesidades o sus sentimientos. Esto puede ayudarlo a vivir un malestar, a verlo más claro y a resolver su problema por sí mismo. Esto le permite aumentar su confianza y su autonomía.

¿Cómo escuchar a mi hijo para que me hable?

Para escuchar, es fundamental:

- **Estar disponible:** detengo mi actividad y doy tiempo a mi hijo para que hable. Cuido la calidad de mi presencia. Establezco un contacto visual. Adopto una actitud corporal sincronizada, es decir, adaptada a la suya.
- **Ser acogedor:** acepto que el niño tiene sentimientos o necesidades diferentes a los míos. De esta manera, puede expresarlos con toda confianza.
- **Ser empático:** percibo lo que el otro vive apagando mi radio mental y haciendo silencio en mí para apreciar lo que siente el otro.

9. El Taller Gordon propone formaciones sobre la escucha activa, el mensaje-Yo y la resolución de los conflictos sin perdedor, <www.ateliergordon.com>.

La escucha tiene lugar en dos tiempos

- En un primer tiempo, escucho lo que el niño DICE y reformulo fielmente sus palabras. Por ejemplo: «Me dices que...; piensas que...».
- En un segundo tiempo, reflejo lo que VIVE y reformulo su vivencia. Con este efecto de espejo, reenvío a mi hijo la imagen de lo que vive y de lo que siente. Corro un riesgo, porque en mi reformulación, existe una parte de interpretación. En nombre del clima de confianza establecido por mi estado de ánimo, me atrevo a esta interpretación. El otro la aceptará o no. Valida este reflejo o reformula para precisar su pensamiento. Por ejemplo: «Lo que es importante para ti es...; lo que sientes es...; tienes la sensación de que...» y el niño responde: «Sí, es eso», precisando, o bien: «No, siento más bien...; lo que siento es...».

Los beneficios de la escucha

Escuchar es reconocer a mi hijo como persona autónoma y responsable. Es respetar sus necesidades o sus sentimientos permitiéndole expresarlos y vivirlos. Aunque no comprenda todo el problema del niño, acojo su vivencia. El niño escuchado se siente animado para poner sus males en palabras. Esta escucha le da confianza y desarrolla su autoestima: constata que reconozco lo que vive y se siente considerado. Escuchar a alguien es también permitirle comprender su preocupación y, por ello, ser capaz de resolver él mismo su problema, lo cual lo hace más autónomo y responsable.

Escuchar es estar al lado, es acompañar, es ayudar, es amar.

Comunicarse es también hablar para que mi hijo escuche

¿Por qué el «mensaje-TÚ» mata?

«Tú siempre llegas tarde; tú nunca arreglas tu habitación; tú no me escuchas...» Todos estos TÚ son como flechas que «matan». En efecto, cuando me dirijo así a mi hijo, se siente culpable de todos los males, herido por todas esas flechas e incapaz de reaccionar. Será sumiso o rebelde, pero no se sentirá libre ni confiado.

Para ser escuchado, utilizo el «mensaje-YO»

El «mensaje-YO» en varios tiempos

- Describo los hechos, el comportamiento que me molesta (a menudo, el niño ni siquiera sabe qué comportamiento ha podido contrariar a su progenitor).
- Describo los efectos tangibles y concretos que este comportamiento tiene sobre mí y que me impiden satisfacer alguna de mis necesidades.
- Expreso mi sentimiento sin juzgar ni interpretar el comportamiento. Para ello, he aclarado mis necesidades para exponerlas al niño.
- Después de haber expuesto mi «mensaje-YO», escucho activamente la reacción del otro.

Los beneficios del «mensaje-YO»

Al decir YO, el progenitor es eficaz: se muestra, se hace comprender sin herir al otro, que, por lo tanto, está en condiciones de escuchar en lugar de defenderse. Al decir YO, el progenitor afirma sus necesidades y sus emociones. Se atreve a mostrarse, a desvelar su vulnerabilidad a su hijo. Esto aumenta la confianza que el niño tiene en sí mismo y en su progenitor. El niño se encuentra entonces frente a su propio comportamiento, toma conciencia de este y es libre de cambiar.

Es importante ser consciente de nuestra manera de escuchar y de hablar para evitar caer en una espiral de incomprensión. Cuando sé escuchar y hacerme escuchar, toda la vida de familia se transforma.

Respetar las etapas del desarrollo del niño

ANTES DEL NACIMIENTO

El niño ya es sensible a la atención que se le dedica mientras crece en el seno materno. Siente las tensiones y los momentos de bienestar que vive su madre. Está en relación permanente con ella, de manera muy simbiótica. Sus sentidos despiertan. Es sensible al gusto, a las variaciones de luz, reacciona a los sonidos, parece poco receptivo a los olores, pero en cambio es muy reactivo al tacto. Siente si el vientre está tenso o relajado. Siente muy bien la mano que se coloca sobre el vientre. Siente el afecto y el amor que se le demuestra. Ya tiene necesidad de esta atención benefactora para desarrollarse serenamente. Aunque no lo parezca, el chiquitín ya es, en el vientre materno, un ser de relación.

Sus primeras relaciones se tejen con su entorno cercano, en especial con sus padres, desde la vida intrauterina. El vínculo con la madre parece evidente, pero puede ser más o menos fuerte según la disponibilidad de esta. Dado que la calidad de estas primeras relaciones condiciona el buen desarrollo del bebé, la práctica de la haptonomía puede ser una formidable oportunidad de nutrir esta relación creciente que une al niño con sus padres.

La haptonomía es una «ciencia de la afectividad», una práctica que consiste en entrar en relación con el bebé antes del nacimiento, mediante el tacto y el contacto afectivo y psicológico. Se trata de comunicarse de manera concreta, a través del tacto. Esta toma de contacto con el bebé favorece una relación que no dirige, sino que guía, que acompaña, que apoya. La palabra «haptonomía» se creó a partir de las palabras griegas: *haptein*, que indica el tacto, incluso en el sentido afectivo, y *nomos*, que designa la regla, la ley, la norma. Este enfoque fue inventado por Frans Veldman, investigador neerlandés en ciencias de la vida, después de la Segunda Guerra Mundial y se presentó en su libro *Haptonomía, ciencia de la afectividad*.

La haptonomía ofrece más que una preparación para el parto. Es un enfoque que permite desarrollar el vínculo que une al bebé con los suyos desde la vida prenatal. Los niños que han practicado la haptonomía con sus padres a menudo muestran una gran disponibilidad. Están abiertos a los demás y son favorables a las relaciones. Son curiosos y avanzan, son receptivos a todo lo que los rodea. Esto desarrolla en ellos una seguridad y una confianza que los hace adaptables y serenos.

La haptonomía, ciencia de la afectividad

Este texto se ha extraído de la página web del Centro Internacional de Investigación y Desarrollo de la Haptonomía (CIRDH).

La naturaleza de la relación afectiva que se establece durante este acompañamiento (haptonómico) entre el padre, la madre y el niño favorece el desarrollo del sentimiento de parentalidad, de responsabilidad afectiva de los padres respecto a la manera de ser de su hijo. Los padres descubren que pueden apoyarlo en su desarrollo físico, psíquico y afectivo, a la vez que le dan un lugar muy suyo; mucho antes del nacimiento, le permiten tomar la iniciativa en la relación. De esta manera, ya se instauran las bases de una relación educativa orientada hacia su autonomía.

[...] Así se crea una relación afectiva que da al niño, temprano antes del nacimiento, sentimientos de individualidad y de seguridad esenciales para su desarrollo. El acompañamiento prenatal no es comparable a una técnica, a unos «gestos». Es una preparación para acoger al niño. El padre y la madre acompañan, guían y apoyan al niño durante toda su vida en el seno materno y durante el nacimiento.

Aunque no se pueda reducir a una preparación para el parto, el acompañamiento favorece un nacimiento natural y ayuda al parto. En efecto, la haptonomía considera la totalidad de la persona. La vida afectiva —sentimientos y emociones— se manifiesta en la corporalidad animada. En especial, la sensación de bienestar y de integridad del ser se acompaña, en el aspecto corporal, de un tono muscular muy específico —firme y flexible— y de una laxitud de los ligamentos propicios para el parto. Este estado corporal no es el resultado de una técnica o de ejercicios, sino del efecto liberador de la relación afectiva que da seguridad.

El acompañamiento de la relación afectiva entre el niño y sus padres no se interrumpe en el momento del nacimiento. En efecto, vivir una ruptura del modo de relación afectiva induciría una frustración perjudicial para el bebé. Después del nacimiento, el niño debe acompañarse, de manera muy específica [...].

La presencia del padre a lo largo del acompañamiento pre y posnatal es esencial en tres aspectos:

- Permite al padre ocupar sin demora su lugar en la relación triangular afectiva padre-madre-hijo. Los tres participantes se encuentran igualmente gratificados en la relación.
- El padre es el que constituye el recurso afectivo de la madre, la apoya, la acoge a lo largo de todo el embarazo y durante el parto.

- En el momento del nacimiento, desempeña un papel importante en el encuentro del niño con el mundo exterior. Si el acompañamiento no puede realizarse en presencia del padre —por imposibilidad estricta—, este debe remplazarse por una persona cercana a la madre.

Además de las personas capacitadas para practicar el acompañamiento haptonómico, existen algunos ginecólogos obstétricos y comadronas capacitados para efectuar los partos en condiciones haptoobstétricas. Su lista está disponible en <http://www.haptonomie.org>.

DURANTE EL NACIMIENTO

El nacimiento es un cambio de estado para el bebé. A menudo se habla de las madres durante el parto, pero la aventura que vive el niño también es fuerte. Cambia de medio. Cambia de estado. Es una nueva manera de vivir que empieza, además de la experiencia difícil del paso. Nuestro papel es velar para que el bebé viva este cambio de atmósfera lo más tranquilamente posible.

Durante el paso, los padres pueden centrarse en el niño, en lo que vive, en el sufrimiento que quizá experimenta, en cualquier caso, en los esfuerzos que está haciendo. Además del impacto beneficioso para el niño que siente este acompañamiento psicológico, la madre se descentra de sí misma y de su dolor. Este último se atenúa. Puedo dar testimonio de ello porque lo he vivido.

Una vez ha nacido, el niño es muy sensible al calor de nuestra acogida. Lo ideal es no precipitarse para cortar el cordón y colocar al recién nacido piel contra piel, sobre el corazón de su madre, que lo rodea con su amor. El recién nacido tiene un reflejo de succión que dura cierto tiempo. Si se le quiere dar de mamar, lo ideal es colocarlo en el pecho inmediatamente, antes de cualquier otra cosa.

La suavidad de los movimientos permite atenuar la violencia del cambio de estado. Se puede preparar un entorno tranquilo, con un ambiente tamizado en términos de luz y de ruido. El lugar del nacimiento puede preverse como un nido para prolongar el que el niño acaba de abandonar definitivamente. Se organiza un tiempo privilegiado, como una antecámara, un compartimento entre dos mundos para que esta traslación sea lo más tranquila posible. Se vela para que el niño no sufra por este efecto de ruptura. El nacimiento puede vivirse como un momento privilegiado en la relación entre el niño y sus padres. La haptonomía contribuye mucho a ello. Durante el nacimiento, en lugar de pensar en respirar o en cualquier otra técnica, se está totalmente presente en la relación que ya existe con el niño, que está rodeado por la relación triangular hombre-mujer-niño.

La continuidad de la densidad de la relación madre-hijo durante el nacimiento es favorable para el desarrollo de esta relación. Al sentir el olor de su madre, al oír su voz y los latidos de su corazón que reconoce entre otros cientos, al sentir el contacto de su piel, el niño se beneficia a pesar del cambio radical que acaba de vivir. Recupera sus referencias. El calor, el contacto, la leche... son experiencias positivas que le dan confianza, desde los primeros momentos, en la nueva vida que se le ofrece. La unidad madre-hijo, que parece evidente antes del nacimiento, debe recrearse una vez que ha nacido. La separación física da lugar, por así decirlo, a un nuevo tipo de apego, más psicológico. Este vínculo da seguridad al niño.

DE 0 A 3 AÑOS

En los primeros años, en especial durante los primeros meses, la acumulación de las experiencias tranquilizadoras permite al niño tener una sensación de seguridad que es la base de toda la confianza en sí mismo. Esto le permite construirse una columna vertebral psíquica sólida. Gracias a esta sensación de seguridad, el niño puede entrar en relación con su entorno de manera sana y espontánea. Esta experiencia feliz de un mundo bueno le permitirá ser feliz y bueno. De ahí la importancia de la calidad de los primeros cuidados, calidad que condiciona toda la vida del niño. Cuanto más se mima la vida psíquica del bebé, más se desarrolla esta. El bebé bien rodeado por su entorno, y en especial por sus padres, despierta y construye su inteligencia tranquilamente.

La comunicación con el niño pequeño es esencial. Es conveniente hablarle mucho, dirigiéndose a él con una gran bondad. Cada momento puede convertirse en la ocasión de un intercambio con gran capacidad de realización. Pongamos el ejemplo de la alimentación del bebé. Es cierto que la lactancia es naturalmente propicia para la relación entre la madre y el niño. El calor, el contacto físico y la entrega de la madre son ventajas para el niño, además del alimento. Para ello, la madre debe estar muy presente para su pequeño, envolverlo con su mirada y colocarlo en una posición cómoda y propicia para una buena deglución (el cuerpo del bebé debe estar bien alineado y vuelto hacia la madre, no solo la cabeza vuelta hacia el pecho). Las virtudes de la leche materna ya no requieren demostración. Es por excelencia el alimento que favorece la buena salud del niño y que se adapta a sus necesidades en permanente evolución. Pero el vínculo que se crea durante la lactancia también es importante.

La calidad de la relación entre la madre y el niño durante la alimentación con el biberón también puede ser buena. Este intercambio también puede tener lugar con otra persona y desarrollarse una relación entre el niño y el padre (u otra persona).

Un baño, un masaje, una caricia, un poco de higiene, un cambio de pañales, una nana, una comida, un tentempié… son oportunidades de intercambios que alimentan la relación del bebé con sus allegados. La confianza que el bebé adquiere durante los primeros meses de su vida es la base de la confianza que tendrá en la propia vida. Le confiere optimismo y seguridad para siempre.

Al crecer hasta los 3 años, el chiquitín multiplica las pequeñas victorias que lo conducen hacia la autonomía. Es conveniente conocer estas etapas[10] para acompañarlas lo mejor

---

10. Se detallan en el libro de la misma autora: *Montessori de la naissance à 3 ans, apprends-moi à être moi-même* (París: Eyrolles, 2016).

posible. El niño se sostiene, se tonifica, fija la mirada, ejercita los sentidos, se sienta, agarra, lame, se lleva cosas a la boca, manipula, se endereza, se mantiene de pie, camina, explora, corre, salta, señala con el dedo, formula palabras, habla, se expresa... Cuanto más lo observa el adulto, más reconoce estas etapas y las favorece adaptando el entorno a las necesidades del momento. Por ejemplo, proponiendo móviles adaptados al niño tumbado que necesita ejercitar la vista, ofreciendo muebles estables y seguros al niño que busca un apoyo para mantenerse de pie, etcétera.

DE 3 A 6 AÑOS

Cuando el niño crece, es conveniente no cultivar las dependencias y acompañar, progresivamente, al niño en el camino natural de la autonomía. Tiene ganas y necesidad de ACTUAR SOLO y de llevar a buen puerto sus actividades espontáneamente elegidas. No consideremos esto como un capricho, no le digamos que es demasiado pequeño, que no puede. Tiene NECESIDAD de ello. En la medida de lo posible y con las limitaciones razonables, nuestro papel es permitir que el niño satisfaga esta necesidad de actuar por sí mismo, este impulso vital. Debemos favorecer las actividades y los juegos que el propio niño elige. Debemos aceptar que se sienta más a menudo atraído por las actividades reales que por los juguetes. Debemos ofrecerle la posibilidad de actuar como nosotros y, sobre todo, no debemos actuar en su lugar. La observación nos permite ver las cosas con perspectiva antes de actuar y de interrumpir la iniciativa de un niño. Aceptar y acoger las palabras (y a veces los ruidos desagradables), la necesidad de relación y los movimientos (a veces, el riesgo o la agitación) del niño es hacerle regalos. Recordemos que pasa por periodos sensibles y favorezcámoslos dando al niño un entorno propicio para el aprendizaje.

El niño necesita orden. Si ordenamos con él, adquiere la costumbre de poner las cosas en su lugar. Esto puede convertirse en un reflejo. En un ambiente montessoriano, la regla es que no se da por finalizada una actividad hasta que la anterior no se ha colocado en su lugar. Al niño le gusta el orden y ordena de forma natural en un contexto ordenado. Sin embargo, es un aprendizaje que toma mucho tiempo. Pero no olvidemos que el orden exterior nutre el orden interior, en otras palabras, su manera de estructurar el pensamiento. Este aprendizaje del orden debe hacerse con el amor y no con el temor. El mejor medio es dar ejemplo, ordenar con el niño al principio, sin considerar la actividad de guardar cosas como un momento ingrato, sino como una parte integrante de la actividad. Ordenar bien sus cosas, cuidarlas, lo hace feliz. El niño está orgulloso de sus cosas.

DE 6 A 12 AÑOS

El entorno debe prepararse según las características de los niños de 6 a 12 años, para facilitar la autonomía y la independencia, así como la responsabilización. Todo debe estar disponible para que puedan participar, por sí mismos, en el cuidado del entorno. El niño necesita un espacio organizado donde pueda guardar sus cosas de manera accesible y clasificada (ropa, juegos). Dispone de un rincón para la biblioteca, porque el libro tiene una gran importancia en los niños de esta edad. También es conveniente frecuentar las librerías y bibliotecas del barrio. Deben favorecerse los juegos y otros objetos que alimentan la curiosidad y la apertura al mundo (instrumentos científicos como prismáticos, lupa, bote de observación, actividades creativas), mientras que es mejor limitar los videojuegos, el acceso a Internet y la televisión (favorecer los documentales, las buenas películas y las emisiones interesantes). Las decisiones y límites que ponen los adultos deberán ser claros, justos, bien explicados y bien comprendidos. Recomiendo leer las recomendaciones de Serge Tisseron sobre la gestión de las pantallas con los niños (cf. Bibliografía, p. 261).

Por otra parte, debemos preparar al niño para abrirse al amplio mundo y hacer salidas independientes para hacer un recado, recoger información o continuar una investigación que hemos empezado juntos. Al principio, se lo anima y progresivamente se lo deja que sea cada vez más independiente. Se pueden favorecer las salidas con un amigo o en grupo. Se pueden favorecer las actividades, siempre respetando un buen equilibrio entre descanso, relajación, ocio y tareas cotidianas.

Los niños de esta edad necesitan alimento social, intelectual y físico. Deben favorecerse las actividades manuales y artísticas relacionadas con sus intereses, así como las actividades deportivas.

La vida cotidiana en casa es la ocasión de hacer el aprendizaje de la vida social. Las responsabilidades del niño en casa pueden decidirse en conjunto (participación en la preparación de las comidas, compras, limpieza y cuidado de sus cosas). Idealmente, tiene acceso a varios cubos de basura para el reciclaje.

Ofrecer un entorno favorable

Durante todas las etapas, hay que adaptar la casa al niño disponiéndola lo mejor posible para que se sienta a gusto. Las palabras clave son: belleza, seguridad, orden y accesibilidad de las actividades. La idea es adaptar el mobiliario y organizar el espacio según las necesidades del niño.

Desde el nacimiento, se le puede ofrecer una pequeña cama envolvente. El niño percibe sus límites como sentía los del vientre de su madre. Se siente envuelto. Más tarde, para favorecer la libertad de movimiento, Maria Montessori sugería utilizar una cama cuadrada que permita al niño elegir su posición y, sobre todo, una cama en el suelo que le permita salir, no caerse y no estar detrás de unos barrotes.

Otro ejemplo: idealmente, la silla debe «crecer» con el niño, de manera que siempre tenga un buen asiento y que los pies se posen en el suelo en lugar de bailar en el vacío. Por otra parte, existen algunas marcas de sillas evolutivas. La mesa ideal debe tener un tamaño ajustado al de la silla.

Se pueden equipar los fregaderos y los lavabos con tarimas para poder llegar a ellos y pensar en colocar un banco en la entrada para que el niño esté bien instalado cuando se prepare para salir.

También podemos procurar que los cuadros y los espejos del dormitorio del niño estén fijados a una altura que le permita aprovecharlos. Lo mismo ocurre con los percheros, los armarios para ropa y los estantes, que conviene colocar a la altura adecuada para que sean accesibles. Es mejor guardar los juguetes en cajas en lugar de en cofres, porque estos incitan a meterlo todo de cualquier manera. Se pueden colocar estas cajas, fácilmente reconocibles (por qué no gracias a una foto, un dibujo o una pegatina), de manera accesible. Es una buena idea no exponer todos los juegos de los niños y hacerlos rotar de vez en cuando para suscitar el interés, siempre dejando las actividades preferidas del momento, por supuesto.

Puede reservarse un rincón a las actividades artísticas, a disposición de los niños. Hay que procurar que sea invulnerable a las manchas y las caídas de pinceles mojados... Pero es esencial enseñar al niño a guardar todo lo que saca y a lavarlo, si es necesario, después de haberlo utilizado para conservar el material. Esto puede ser objeto de presentaciones.

Puede ponerse a disposición de los niños un pequeño equipo de limpieza o varios si el espacio es grande. De manera general, conviene invitar a los niños a ser autónomos: limpiar lo que ensucian, hacerse la cama, plegar su ropa, elegirla, evaluar si está sucia o no...

Nunca se insistirá bastante sobre la importancia de la vida práctica. Condiciona toda la capacidad de concentración y organización de la actividad. Además, favorece la confianza en sí mismo del niño, porque lo hace independiente, «capaz de» y orgulloso de serlo.

En la cocina, el niño también tiene su lugar. Puede ayudar a cortar la fruta, a pasar el trapo por la mesa, a vaciar el lavavajillas… Estas actividades pueden ser la ocasión de presentaciones por parte de los padres. Muestran al niño cómo actuar des-com-po-nien-do sus movimientos sucesivos para que el niño comprenda todas las etapas de la actividad.

En el cuarto de baño también hay muchas presentaciones que hacer: abrir el grifo, cerrarlo, poner el dentífrico en el cepillo de dientes, cepillarse los dientes, limpiar el lavabo después de usarlo… Esto toma tiempo, es cierto, pero es un tiempo bien utilizado. Hay que armarse de paciencia, porque nuestros ritmos no son los mismos. Siempre es mejor prever más tiempo para que el niño no se encuentre bajo tensión a causa de los horarios. Aprende a cuidar de su persona al lavarse y peinarse. Puede prepararse un pequeño rincón del lavabo con los cepillos, el suavizante, los pasadores y gomas para las niñas o el gel para los niños…

También hay que adaptar la ropa a las etapas de crecimiento. Las prendas de vestir son importantes, porque los niños viven con ellas. Debemos procurar sugerir ropa cómoda y propicia para los movimientos.

El niño puede practicar la lazada, la apertura y cierre de botones, de automáticos y de cremalleras en un soporte que no sea una prenda o en una prenda que no se tenga que poner. Este entrenamiento fuera de contexto le da mucha seguridad y autonomía, además de la diversión que suscita. Las cinturas elásticas y los zapatos con tira autoadherente pueden ser muy prácticos en cierto estadio. Cuando el niño crece, su ropa se vuelve más compleja también; se introducen los cordones una vez que sabe atárselos.

Ayúdame a comer solo

El niño sabe bien si tiene hambre, lo siente. Es importante que se alimente proporcionalmente a su apetito. Forzar a los niños a acabarse la comida cuando no han elegido el tamaño de su ración no es conveniente. Es mejor procurar servir la comida al niño en función de su apetito o dejar que se sirva. Es muy negativo tirar la comida. Así que más vale servirle poco, aunque tenga que repetir, que malgastar lo que el niño realmente no quiere terminarse. Obligarlo a terminarse la comida por principio es un reflejo, porque lo hemos sufrido nosotros mismos, pero ¿en qué se basa este principio aparte de en la costumbre de haber oído esta frase cuando éramos pequeños? Acabarse la comida no es una cuestión de moral. La situación en los países donde el hambre hace estragos no cambiará en nada si el niño se termina su comida. En cambio, corre el riesgo de perder el reflejo natural de comer según su apetito, lo cual puede tener grandes consecuencias sobre su peso y su salud a largo plazo.

Lo importante es conservar y saber reconocer la sensación de saciedad. Respetemos el apetito del niño como respetamos el nuestro. Esto evita transformar las comidas, que deben ser momentos de intercambio y de recuperación tranquilos, en una lucha de poderes ¡y a veces incluso en un suplicio! De lo contrario, tanto el niño como el adulto terminarán por temerlas.

Evitemos también mantener al niño como rehén a base de: «¡No te moverás hasta que te lo hayas terminado!». ¿Por qué angustiarse si un niño a veces come poco? Existen todo tipo de apetitos, pequeños y grandes, y el nuestro no es universal. Tanto más cuanto que el apetito fluctúa. Respetemos el de los niños. La relación con la alimentación debe considerarse con precaución. Muchas personas desarrollan trastornos de la alimentación cuando esta relación se vuelve dolorosa. Procuremos que sea tranquila.

En cambio, es conveniente que el niño pruebe todo lo que se le ofrece. Se le puede explicar que tiene derecho a que no le guste, pero que no puede juzgar el sabor de un alimento sin haberlo probado. También se le puede explicar que, a fuerza de probar un alimento, aprenderá a apreciarlo y que se valoran cada vez más los sabores al crecer. Respetemos los gustos de los niños. ¿Forzaríamos a un invitado? Si queremos que nuestro hijo aprecie una amplia variedad de sabores, empleemos la seducción en lugar de la fuerza y, sobre todo, respetemos su ritmo.

Los límites

Nuestra voluntad de acompañar lo mejor posible a nuestros hijos por el camino de la libertad se entiende con el respeto de ciertos límites.

LOS LÍMITES DEL ENTORNO

Son las reglas impuestas por nuestro medio de vida y dependen de los países y de las épocas (se dice buenos días, gracias, por favor, no se entra en una habitación hablando, etcétera).

Son también las costumbres presentes en un entorno más cercano, el de nuestra familia. Para algunos, hay que acostarse a horas fijas, para otros, existen varios servicios de comidas, unos toman una ducha por la mañana, otros toman un baño por la noche… Se trata de costumbres familiares, y los niños, cuando viajen a otros lugares, descubrirán que existen varios modelos.

Las reglas deben exponerse claramente. Seamos firmes sin dejar de ser flexibles, con un enfoque positivo de la disciplina.

NUESTROS PROPIOS LÍMITES

Para ayudar bien a nuestros hijos a crecer respetando su libertad, también hay que tener en cuenta nuestros propios límites. En otras palabras, también hemos de tener en cuenta nuestra libertad. Para ello, es necesario saber escucharse y exponer a los niños nuestras necesidades. Son perfectamente capaces de comprender que ciertas circunstancias influyen sobre nuestro umbral de tolerancia: la fatiga, la enfermedad, la cólera o cualquier otra preocupación. Seamos veraces y auténticos, sin apabullar a los niños con nuestro estado de ánimo, expresémosles nuestras necesidades y expliquémosles lo que sentimos. No tenemos por qué tener un humor perfecto y constante. Como todo ser humano, somos variables.

No tenemos que desempeñar un papel ante nuestros hijos. Por eso, podemos estar en desacuerdo con otro adulto sobre un tema de educación y hacérselo saber a los niños. Podemos expresar este desacuerdo. ¿Por qué los adultos deberían estar siempre de acuerdo? Es una ilusión. Sobre todo si esto impulsa a mentir al niño.

De la misma manera, podemos permitirnos cambiar de opinión. No tenemos por qué estancarnos en una posición de manera rígida. También podemos pedir perdón a un niño si consideramos que hemos cometido un error en la manera en que nos hemos dirigido a él.

Algunos dirán que ver que la postura del padre o la madre no es inmutable altera al niño. Yo pienso más bien que ver que el adulto hace su autocrítica lo tranquiliza, sobre todo si el adulto ha cometido una injusticia. Ocuparse de los niños dándoles lo mejor es muy exigente, puede llegar a enfurecer a veces y a lamentarlo después, es mejor reconocerlo. Esta verdad en la relación permite una comunicación sincera. Si lo es en un sentido, generalmente lo es en el otro. Esto nos asegura una buena comunicación con nuestros hijos, comunicación muy necesaria para nuestras relaciones cuando nuestros hijos pasan por la adolescencia.

Para cuidar bien a nuestros hijos, es importante cuidarse uno mismo. Reservémonos unos momentos de recuperación. El adulto que se respeta a sí mismo respetará mejor al niño. Tengamos en cuenta nuestras necesidades de descanso y nuestros proyectos personales. Lo que el niño necesita son unos padres felices, no unos padres que se sacrifican hasta el punto de estar insatisfechos por no tener escrúpulos. Los padres que trabajan a veces se sienten demasiado ausentes de su casa. Los que se quedan en casa a veces se sienten al margen. No existe un equilibrio ideal. Cada uno debe encontrar el suyo, de acuerdo con sus necesidades profundas. Este equilibrio puede evolucionar según las edades del adulto o de los niños. Lo esencial para el niño es la calidad de la presencia, más que la cantidad. La calidad de la presencia del adulto depende de su disponibilidad interior real. Esta será mejor si el padre o la madre han satisfecho sus necesidades y han reservado tiempo para sus proyectos. No se pueden ocultar las propias necesidades durante toda una vida.

Expresemos nuestras necesidades. Por ejemplo, si estamos agotados y necesitamos calma, no tenemos la misma disponibilidad ni la misma paciencia que si estamos descansados y llenos de energía. El hecho de expresar los propios sentimientos y necesidades al niño le permite adaptar su comportamiento a nuestro estado. Lo mismo ocurre en sentido contrario.

Finalmente, no olvidemos que los niños, como todo el mundo, alternan los días buenos y los malos… Cuando sintamos que estamos hartos, ¡pensemos que ya pasará! ¡Nosotros también tenemos días más fáciles que otros! No seamos demasiado exigentes con nosotros ni con nuestros hijos; ¡la perfección no está más presente en los padres que en los hijos!

LOS LÍMITES DEL NIÑO

De la misma manera, es conveniente tener en cuenta el estado de ánimo del niño. Si está muy contrariado y frustrado, no se le pueden decir las mismas cosas que si está satisfecho y encantado. Debemos tener en cuenta, mutuamente, el estado de ánimo del otro. Este respeto por el niño le enseña también a respetar al otro, es el aprendizaje de la consideración mutua. Todos los sentimientos son aceptables, todos deben tenerse en cuenta, no se pueden negar. Acompañemos, pues, a nuestros hijos con empatía, estemos atentos a su estado, pongámonos en su lugar, despertemos al niño que hay en nosotros. Ayudémosles a librarse de sus cóleras y sus frustraciones. Podemos ayudarlos a expresarlas verbalizándolas.

La galleta rota, un drama incomprensible

Catherine Dumonteil-Kremer

El síndrome de la galleta rota es un ejemplo de frustraciones incomprendidas por los padres.[11]

Su nene ha pasado un día infame en la guardería, o bien lo ha vapuleado otro niño en el jardín público del barrio, ha tenido todo tipo de sensaciones desagradables y, de repente, se da cuenta de que la galleta que le da está rota en dos. Sufre una crisis de rabia. Vacía todo el paquete de tensiones que ha acumulado. Es un trabajo realmente importante.

Los pequeños utilizan también el «capricho» como pasarela hacia una descarga emocional; se da usted cuenta cuando, probablemente, no puede aportar ninguna respuesta satisfactoria a su demanda. No buscan una azotaina como se oye a menudo, sino una ocasión de eliminar tensiones.

Al descargar sus emociones, los niños se liberan de los bloqueos que los encadenan. Después, estarán listos para recuperar sus tendencias naturales, que son ser cariñosos, cooperativos y felices de vivir.

Confíe en el hecho de que, si su hijo es presa de emociones difíciles, siempre tiene muy buenas razones, aunque usted no las comprenda; habrá que darle apoyo, en otras palabras, escucharlo.

11. Catherine Dumonteil-Kremer, *Élever son enfant autrement*, La Plage, 2009.

Todos los buenos momentos que pasamos con nuestros hijos son como piedras preciosas que, al acumularse, forman un tesoro de recuperación. Recuperación de confianza para nuestro hijo, pero también para nosotros, porque este niño crece y recordamos con nostalgia todos estos momentos. El periodo durante el cual los niños son pequeños es agotador, es verdad, pero está muy cargado de amor. Un amor que nunca se olvida. Un amor que construye al niño y que alimenta a los padres. Podemos educar a nuestros hijos de manera simple, sin correr detrás de los pasatiempos y el consumo, enseñándoles que es mejor ser que tener, expresando la gratitud que sentimos al observarlos crecer y desarrollarse. ¡Mirar a un niño con benevolencia es una gran fuente de felicidad!

Testimonio sobre Gaston, un niño precoz

Madre de Gaston, 7 años, en una escuela elemental Montessori

Conocí la pedagogía Montessori hace dos años, cuando buscaba una solución de urgencia para ayudar a mi hijo de 4 años, que sufría un bloqueo total en la escuela, en segundo de preescolar. Acababa de comprender, gracias a los test de CI y las explicaciones de la Asociación Francesa de Niños Precoces (AFEP), que tenía un funcionamiento intelectual diferente, fuente de muchas incomprensiones y aflicción para los niños como él (¡que imaginamos erróneamente que siempre saldrán adelante, puesto que se supone que son muy inteligentes!).

Estaba entre la espada y la pared, era absolutamente necesario que encontrara un sistema escolar adecuado, puesto que se deprimía y su aflicción provocaba bloqueos y fobias importantes (miedo excesivo a algunos animales, a las pelotas, al inglés, a los botones de la ropa). Se cerraba en banda sin cesar, todo se había vuelto conflictivo y rechazaba la escuela, ya no quería ir, ni siquiera quería oír hablar de ella, ¡solamente con 4 años! Ante esta situación, la escuela pública de la que dependíamos se cerraba a cualquier discusión y a cualquier adaptación; ¡era nuestro problema y ellos no se sentían afectados! No encontré ninguna humanidad y no me pareció que se tuviera en cuenta el interés de mi hijo, ¡lo cual me chocó mucho! Solo había un sistema inflexible y unos burócratas que se defendían, cuando nosotros no acusábamos a nadie, sino que buscábamos soluciones adecuadas en interés de nuestro hijo.

Descubrí la pedagogía Montessori en Internet. Se podía leer: «también adaptada a los niños precoces». Por otra parte, una de mis mejores amigas, que trabajaba en Luxemburgo, me había hablado muy bien de la escuela Montessori a la que iban sus hijos. Pero no conocíamos en absoluto este sistema. Decidimos inscribirlo en una escuela Montessori para evitar un salto de clase, porque nuestro hijo, de baja estatura, torpe para su edad y no muy sociable (un solo amigo, pues no soportaba el grupo, que le provocaba fobia), nos parecía efectivamente demasiado pequeño para hacerlo.

¡Estábamos muy lejos de sospechar, en aquel momento, todo lo que el enfoque montessoriano le iba a aportar!

¡Hace dos años y medio que es alumno de una escuela Montessori y su metamorfosis ha sido impresionante! En seis meses, se transformó totalmente. Se realizó. Perdió sus múltiples rechazos y bloqueos para recuperar una alegría de vivir intensa. ¡Estábamos maravillados! Todo nuestro entorno lo encontró transfigurado y nos preguntó lo que había pasado para que se abriera de aquella manera, un niño que parecía tan cerrado e incluso aislado. Respondíamos que simplemente había cambiado de escuela y que ahora estaba en un entorno en el que se sentía acogido tal como era y no tal como se quería que fuera. En efecto, en cuanto llegó a su nueva escuela, se sintió reconocido y aceptado. Dos meses después del inicio del curso, me dijo: «Mamá, hay que destruir todas las escuelas y construir solo escuelas Montessori». A los 4 años, esto decía un niño reservado y moderado, ¡se sobreentiende mucho!

Desde la primera entrevista que tuvimos con cada educadora, tuvimos la sensación de que conocía realmente a nuestro hijo (¡tan bien como nosotros!) y su psicología con una gran fineza. Nunca habíamos tenido la impresión de que los profesores conocían realmente a nuestro hijo anteriormente. Por fin era comprendido, sus dificultades se aceptaban, sus fobias se tenían en cuenta... La pedagogía se adaptaba a su caso particular. Simplemente lo amaban tal como era.

¡Sintió la diferencia y pronto se abrió ante nuestros ojos pasmados! Esto ha dado sus frutos: ya no tiene miedo de los animales ni de las pelotas, ahora le gusta hablar inglés ¡e incluso quiere empezar el aprendizaje de una tercera lengua a los 7 años! Gaston se siente muy satisfecho con su aprendizaje escolar, porque su sed de aprender por fin se sacia. Sin embargo, los profesores prestan atención para que estos aprendizajes, así como las respuestas a sus incesantes preguntas, no sean fuente de angustia debido a la diferencia entre su madurez intelectual y su edad afectiva.

Antes era muy poco sociable, pero ahora se siente a gusto en la clase, tiene una sensación de pertenencia al grupo ¡e incluso a veces es capaz de ser líder! Se ha integrado por completo. Realmente ha aumentado su confianza en sí mismo. ¡Incluso se ha desarrollado físicamente!

Otro cambio ha sido muy marcado: antes era muy hostil ante las consignas, pero progresivamente ha aprendido a aceptarlas y respetarlas, lo cual nos habría parecido inimaginable unos meses antes. Su profesor nos decía recientemente que ya no ve en absoluto las consignas como imposiciones, sino como un marco, y ahora consigue ejercer su creatividad en el interior de este marco con una gran libertad. También desarrolla una autonomía creciente.

¡Él, que era muy temeroso, ahora demuestra una adaptabilidad tal que ni siquiera me da miedo su paso al sistema clásico en sexto!

Hoy, cuando mi marido y yo observamos a nuestro hijo, contemplamos también a un niño FELIZ y las lágrimas asoman a nuestros ojos cuando recordamos el sufrimiento que experimentó durante dos años en la escuela tradicional, donde nunca se sintió comprendido. ¡Actualmente goza de un formidable sentimiento de plenitud!

Nosotros también hemos cambiado. Nuestra actitud ante nuestros hijos ha evolucionado y se ha flexibilizado gracias al ejemplo que nos dan las educadoras Montessori, ¡modelos de paciencia para nosotros! Nos comunicamos mejor con nuestros hijos y estamos más atentos a su modo de funcionamiento. Hemos hablado mucho con las educadoras y tenemos la sensación de haber trabajado en equipo en interés de nuestro hijo. Su análisis siempre es de una extrema fineza y escucho con gran atención sus buenos consejos. Este diálogo con los profesores nos ha permitido ser actores del desarrollo de nuestro hijo, los contactos han cambiado mucho respecto a los que habíamos tenido en su antigua escuela, que nos culpabilizaban y no habían conducido a ninguna parte. Estamos muy agradecidos a las educadoras Montessori que se ocupan de nuestro hijo y de nuestro segundo hijo, que, a pesar de que sin duda no es precoz, también se beneficia de esta pedagogía, porque se adapta a cada uno.

Constatamos que la pedagogía Montessori sigue a cada individuo y lo acepta con sus particularidades, en otras palabras, lo ama. Nos parece que Montessori coloca al niño en el centro y que el interés del niño prevalece sobre el de los profesores, que viven un auténtico sacerdocio al servicio de los niños, sin convertir a los niños en reyes, muy al contrario. Tenemos la sensación de que la ayuda mutua y la fraternidad se viven realmente en la escuela Montessori. Las «habilidades» se enseñan tanto como los aprendizajes fundamentales. Se alimenta al niño en todos los planos.

Nuestro hijo experimenta hoy un desarrollo global ¡gracias a esta pedagogía! Ahora está muy equilibrado. Expresa mucho sus sentimientos y su afecto. Su hipersensibilidad, antaño vivida como un problema, se ha convertido en una ventaja. Él, que antes no quería ir a la escuela, ahora corre hacia ella cada mañana con alegría, ¡como si la necesitara como el aire que respira! Mi marido incluso dice que la escuela se ha convertido en «su respiración». Ahora soy miembro de la AFEP (Asociación Francesa de Niños Precoces) y, en este marco, nunca dejo pasar una ocasión de rendir homenaje a esta pedagogía que ha ayudado a mi hijo cuando tenía grandes dificultades, ¡viva Montessori!

Actividades pedagógicas en casa para entre 3 y 6 años

«El niño crece sin cesar y todo lo que tiene relación con sus medios de desarrollo es fascinante para él y le hace olvidar la actividad ociosa.»

El niño, MARIA MONTESSORI

Por eso, en lugar de únicamente juegos, ofrezcamos también a nuestros hijos oportunidades de actividades reales. En casa, permitámosles participar en la vida práctica, actuar como nosotros. Para ayudar al niño a actuar solo, no hay que dudar en hacerle demostraciones descomponiendo las etapas de la actividad, haciéndola muy lentamente –a un ritmo más lento que el que se utiliza habitualmente– para que capte todas las sutilezas de la actividad. Se puede atraer su atención sobre un punto particular de perfeccionamiento. Y sobre todo, después, hay que confiar en él. No decirle (o hacerle sentir) que es incapaz, sino observarlo probar y progresar con nuestra mirada benevolente. Un buen ejemplo es el de la aplicación de una receta de cocina. ¿Nos atreveremos a ofrecer al niño la oportunidad de aprender a romper un huevo sin tener miedo de que no consiga separar la clara de la yema?, ¿conseguiremos no transmitirle este miedo que lo hará fracasar? Un buen truco es trabajar aislando las dificultades. En primer lugar, se aprende a romper el huevo y, en segundo lugar, se separa la clara de la yema.

Para tener una actitud montessoriana en casa, no se trata de que los padres desempeñen un papel de profesores presentando material escolar, basta con ofrecer oportunidades de actividades adaptadas y respetar la elección espontánea del niño.

Vida práctica

CUIDAR DE UNO MISMO
- Lavarse las manos.
- Lavarse los dientes.
- Cepillarse el pelo.
- Sonarse la nariz.
- Abrocharse y desabrocharse los botones, los automáticos, las cremalleras, las hebillas…
- Vestirse.
- Abrocharse un pantalón.
- Ponerse los zapatos.
- Ponerse el abrigo.
- Ponerse los guantes.

- Plegar telas.
- Plegar una servilleta.
- Plegar su ropa.
- Hacerse la cama.
- Elegir su ropa.
- Hacer lazos.
- Hacer nudos.
- Limpiarse los zapatos.
- Lavar una mancha.
- Enhebrar cuentas.
- Coser.

CUIDAR DEL ENTORNO EXTERIOR
- Sembrar, plantar y recolectar.
- Rastrillar hojas o piedras.
- Cuidar las plantas.
- Utilizar una regadera.
- Utilizar una manguera de riego.
- Quitar las malas hierbas.
- Cuidar de un animal.
- Observar la naturaleza (observar una germinación, renacuajos, pájaros…).

CUIDAR DEL ENTORNO INTERIOR
- Barrer, quitar el polvo, limpiar.
- Enrollar, desenrollar.
- Escurrir.
- Abrir y cerrar el grifo.
- Lavar ropa.

- Tender ropa.
- Utilizar pinzas de tender ropa.
- Limpiar un espejo o un objeto.
- Limpiar un cristal.
- Cambiar el agua de las flores y hacer un ramo.

PARTICIPAR EN LA COCINA

- Poner los cubiertos.
- Quitar la mesa.
- Lavar una mesa.
- Lavar fruta o verdura.
- Pelar fruta o verdura.
- Cortar fruta o verdura.
- Exprimir una fruta.
- Utilizar unas pinzas de pepinillos.
- Cocer, sazonar un plato, cocinar.
- Hacer una vinagreta.
- Lavar los platos.
- Secar la vajilla.
- Cargar y vaciar el lavavajillas.
- Trasvasar objetos de un cubo a otro (o de una caja).
- Trasvasar granos (de un tazón a otro).
- Verter (granos, arroz y después agua).
- Verter respetando una medida.
- Utilizar un cucharón.
- Utilizar una pipeta.
- Utilizar una jeringa de plástico.
- Utilizar un embudo.

CONTROLAR LOS MOVIMIENTOS

- Desplazarse con calma.
- Recorrido de motricidad.
- Expresión corporal (con o sin música).
- Sostener, transportar y colocar un objeto.
- Sostener, transportar y colocar una silla.
- Caminar por el borde de una acera.
- Caminar sobre una línea (con diferentes tipos de pasos, llevando una campana que no debe sonar, llevando una bolsa pequeña de arena en la cabeza, con una cuchara en la boca que contenga un objeto que no debe caerse...).
- Abrir y cerrar una puerta o una ventana.
- Abrir y cerrar candados, cajas, frascos, tubos...
- Atornillar y desatornillar (pernos, tubos, tapones).
- Colgar o descolgar un objeto.
- Doblar papel.
- Cortar papel.
- Desgarrar y romper papel.
- Perforar papel.
- Pegar papel.
- Sacar punta a un lápiz.
- Abrir rotuladores.
- Guardar lápices en un estuche.
- Hundir clavos pequeños en corcho con un martillito.
- Actividades creativas (modelar, dibujar, pintar con el dedo, con pincel...).
- Jugar a jugos de motricidad fina (juegos de encaje, de construcción, rompecabezas...).

PEQUEÑAS REPRESENTACIONES DE CORTESÍA

- Decir hola, adiós, por favor, gracias...
- Contestar al teléfono.
- No cortar a alguien cuando habla.
- Saber esperar.
- Pedir perdón.
- Pedir ayuda.
- Mirar a los ojos.
- Ayudar a alguien.

Actividades sensoriales

- Juegos de los colores (emparejar o asociar con objetos de colores).
- Actividades sobre sensaciones: liso y rugoso, duro y blando, caliente y frío, ligero y pesado..., trabajo de emparejamiento o de gradación aislando los conceptos.
- Juego de las telas (detallado en este libro).
- Bolsa misteriosa.
- Actividad de selección (clasificar objetos por color, tamaño, tema...).
- Reconocer olores.
- Reconocer sabores (emparejarlos).
- Reconocer sonidos (emparejarlos).
- Reconocer sonidos (ruidos de animales, ruidos familiares...).
- Hacer construcciones que impliquen gradaciones (de lo más grande a lo más pequeño, de lo más corto a lo más largo...).

Actividades de lenguaje

- Enriquecer el vocabulario nombrando lo que rodea al niño. No tener miedo de las palabras complicadas.
- Elegir pequeños objetos en una caja de tesoros y hablar de ellos.
- Leer y manipular libros.
- Contar historias leídas o inventadas.
- Cantar (canciones infantiles o textos inventados).
- Imaginar historias juntos.
- Contar el inicio de una historia y proponer al niño imaginar juntos la continuación.
- Invitar al niño a ilustrar una historia o frase que se le dice.
- Mirar fotos juntos y comentarlas.
- Fabricar para el niño un álbum de fotos de su historia personal o de su primer año, del inicio del curso o de las vacaciones...
- Hacer adivinar al niño el nombre de un objeto oculto describiéndolo.
- Adivinar el nombre de un objeto oculto o elegido gracias a una descripción hecha por el niño.
- Reconocer verduras o frutas u otro tipo de objetos, hablar de ellos, describirlos, comentarlos...
- Invitar al niño a nombrar todas las partes del cuerpo o todos los animales de la granja o todos los lugares que le gustan... Variar los temas. Con varios niños, se puede hacer por turnos.

- Utilizar imágenes para hablar de diferentes nomenclaturas (los animales, el material escolar, los juegos, los medios de transporte, las herramientas, los objetos del cuarto de baño, de la cocina...).

- Poner imágenes secuenciales por orden.

- Jugar al juego del silencio: invitar al niño a estar lo más tranquilo posible, a no hacer el menor ruido, a concentrarse en ruidos lejanos, ruidos interiores como la respiración, desplazarse sin ruido... Sensibilizar al niño al silencio y sus beneficios.

- Incitar a los niños a contar acontecimientos, a describir gente, objetos, situaciones...

- Incitar al niño a expresar sus sentimientos.

- Hacer juegos de rol (representación para introducir los conceptos de cortesía, por ejemplo).

- Hacer juegos de mimos (mudos y hablando).

- Hacer juegos de rimas.

- Jugar a cortar las palabras en sílabas dando palmadas.

- Inventar poemas.

- Inventar una historia con varios niños: cada uno empieza y se continúa por turno teniendo en cuenta los elementos introducidos por los anteriores.

- Los juegos de análisis de los sonidos.

- Encontrar alrededor objetos cuyo nombre empieza por uno u otro sonido...

- Encontrar juntos el máximo número de palabras que empiecen por..., que terminen por..., que contengan...

- Clasificar objetos en función de criterios definidos de antemano (objetos de cocina, de escritura, de juego…).
- Escuchar discos de canciones.
- Escuchar audiolibros.
- Imitar ruidos de animales y nombrarlos.
- Juego de la palabra misteriosa: escribir una palabra en un papel y pegarlo en la frente de un niño procurando que no lo vea. Haciendo preguntas a las que solo se responde con un sí o un no, el niño tienen que adivinar de qué se trata. Ejemplo: si la palabra es «plátano», pregunta: ¿soy comestible? Sí. ¿Soy una verdura? No. ¿Soy una fruta? Sí. ¿Soy verde? No. ¿Soy amarilla? Sí. ¿Soy un plátano? Sí, ¡has ganado!

Actividades de escritura

- Tocar las letras rugosas.
- Escribir sílabas o palabras con un alfabeto móvil.
- Dibujar o trazar letras con el dedo en arena, sémola o en un cristal empañado.
- Trazar letras en una pizarra.
- Asociar letras a imágenes que se correspondan.
- Escribir a alguien a quien se quiere mucho. Escribir a dictado del niño si lo desea.
- Jugar al Memory® de las letras y de las imágenes.
- Hacer una lotería de las letras y las imágenes.

- Jugar al Pictionary® de las letras y de las imágenes.
- Hacer su propio abecedario personalizado (con fotos personales, dibujos, recortes hechos con revistas...).
- Crear un librito.
- Jugar a «Jacques ha dicho letras» (por ejemplo, «Jacques ha dicho: dame la letra que corresponde al sonido "sss"»).
- Jugar a «Ir hacia una letra» (por ejemplo, ve a la pata coja hacia la letra que corresponde al sonido «mm», o bien, ve de puntillas hasta delante de «rr»).
- Jugar a «Desplazar las letras» (por ejemplo, coloca la «nn» al lado de la «ii»; más tarde, por qué no pronunciarlas asociándolas y leer: ni).
- Emparejar minúsculas y mayúsculas.
- Emparejar letras de imprenta y cursivas (letras unidas).
- Utilizar el alfabeto móvil.

Actividades de lectura

- Reconocer su nombre.
- Releerse espontáneamente cuando se componen palabras con el alfabeto móvil.
- Intentar descifrar palabras.
- Reconocer palabras familiares.
- Reconocer palabras en libros para niños.
- Las letras rugosas (reconocimiento de las letras y de su sonido).

- Los dígrafos rugosos.
- La lectura de palabras fonéticas para provocar la lectura («la primera caja de objetos»).
- La lectura de las palabras fonéticas y de las palabras que contengan letras mudas con las tarjetas de imágenes y los tiques de lectura (los 4 primeros sobres de lectura).
- La introducción a la lectura de palabras complejas («la segunda caja de objetos»).
- El juego de asociación de las tarjetas de dígrafos rugosos y de las tarjetas asociadas.
- La lectura de palabras complejas con las tarjetas de imágenes y los tiques de lectura («Los sobres de lectura»).
- La lectura de listas de palabras complejas.
- El juego de Memory® con las tarjetas de dígrafos rugosos y las tarjetas asociadas.
- Leer libritos con una palabra por página.
- Reconocer dígrafos en libros de lectura y álbumes.
- Fabricar un libro y leerlo a los familiares y amigos.
- Jugar a marcar los objetos del entorno con tiques de lectura.
- El juego de las órdenes para leer y ejecutar.
- El juego de las palabras para leer e imitar.
- Leer libritos.

Actividades de localización en el tiempo

- Hacer un friso sobre la vida del niño con la ayuda de fotos.

- Celebrar el aniversario de los niños invitándolos a dar la vuelta a un sol tantas veces como años tienen, porque la Tierra da una vuelta alrededor del sol en un año.

- Hacer un gráfico que presente la edad del niño y la de sus familiares y amigos. Se puede ilustrar con fotos o dibujos.

- Hacer un árbol genealógico del niño utilizando fotos.

- Tener una tabla de actividades en la que se muestren los acontecimientos del día, como los aniversarios, las salidas, los cambios de estación u otra actividad.

- A partir de los 5 años, se puede estudiar la representación del tiempo. Tomar tres calendarios de tamaños diferentes en los que cada hoja corresponda a un día. Durante un periodo determinado, se arranca una página cada día de cada uno de los calendarios y se unen con cinta adhesiva. Se obtienen tiras de papel que se enrollan sobre sí mismas. Al final del periodo elegido, se desenrollan las tres tiras obtenidas y, comparando su longitud, se constata que la representación del tiempo es relativa. Después, se puede comparar esta representación con otro tipo de calendario.

- Hacer un gran friso del tiempo en un pasillo o en una pared grande. Anotar en él los acontecimientos importantes del año y los de la vida familiar.

- Fabricar, con un programa informático o una página web especializada, una agenda personal o familiar.

Actividades de sensibilización a la geografía

- Observar un globo terráqueo.
- Comprender que un planisferio es una representación del globo terráqueo.
- Explorar mapas.
- Hacer rompecabezas de geografía.
- Hacer álbumes de los continentes que reúnan mapas, fotos y todo tipo de ilustraciones con una localización en el planisferio.
- Realizar cajas de los continentes en las que se coleccionen objetos que los simbolicen (muñeca o figurita en traje tradicional, objeto típico, instrumento de música, receta…).
- Cartearse con personas en el extranjero.
- Mirar reportajes.

Actividades de matemáticas

- Seleccionar pequeños objetos y contarlos.
- Contar lo que nos rodea: los árboles, las flores…
- Leer y manipular libros sobre las cifras.
- Tomar una cesta de animales y clasificarlos por familias,

eventualmente contar el conjunto y después cada subgrupo.

- Mirar una ilustración y pedir al niño que cuente uno u otro elemento.
- Incitar a los niños a contar acontecimientos precisando el número de objetos o de personas de los que se ha hablado...
- Cantar canciones infantiles o textos inventados que impliquen a las cifras.
- Dibujar palotes y después cifras con el dedo o con un palo de madera en arena, sémola o en un cristal empañado.
- Tocar las cifras rugosas.
- El juego de los husos.
- El juego de las fichas (par e impar).
- Colocar las cifras del 1 al 9 por orden con figuritas que las representen.
- Trazar cifras en arena o sémola.
- Trazar cifras en una pizarra.
- Asociar las cifras y las cantidades correspondientes.
- Asociar las cifras y las imágenes que representan las cantidades correspondientes.
- Jugar al «Memory® de las cifras» y de las tarjetas.
- Hacer su propio librito o dibujo personalizado asociando los símbolos de las cifras y las cantidades correspondientes (con fotos, dibujos, recortes de revistas...).
- Jugar al «Jacques ha dicho cifras» (por ejemplo, «Jacques ha dicho: dame 1 cifra siete»).

- Jugar a «Cifra y acción»: pedir al niño que dé cinco palmadas, que salte seis veces, que vaya a buscar nueve lápices de colores, etcétera. También se puede mostrar la cifra en lugar de pronunciarla.

- Jugar a «Ir hacia una cifra» (por ejemplo, decirle: «ve a la pata coja hacia la cifra ocho», o bien, «ve de puntillas delante de la tarjeta que representa el tres»).

- Jugar con la suma.
- Jugar con la multiplicación.
- Jugar con la resta.
- Jugar con la división.

Actividades de ciencias

- Hacer pequeños experimentos como «Esto flota, esto se hunde», los vasos comunicantes, el juego de los imanes, manipular una brújula, hacer germinar y crecer semillas, ver crecer un renacuajo, un caracol, un capullo y observar su transformación en mariposa…

Estas listas de actividades están lejos de ser exhaustivas. El campo de posibilidades es inmenso. ¡Utilice su creatividad y la de los niños!

Las fichas de actividades

Aquí se proponen veinte ideas de actividades en forma de fichas pedagógicas. Entre estas actividades de vida práctica, hay muchas que atraen al niño y desarrollan su autonomía y su capacidad de concentración. Por otra parte, ejercitan sus competencias ejecutivas:

- El apartado «Control del error» indica lo que permite al niño un control del error autónomo, gracias a una devolución de información inmediata.
- El apartado «Punto de interés» indica aquello en lo que se insiste para incitar al niño a concentrarse y a motivarse.

Vida práctica

Escurrir una esponja

MATERIAL

1 cubo y 1 bandeja con 2 tazones vacíos (preferentemente rompibles), una pequeña esponja (si es posible natural) y una toalla pequeña. Se procura que todo tenga un color dominante para dar una referencia al niño.

EDAD

A partir de 2 años y medio.

OBJETIVOS DIRECTOS

• Cuidado del ambiente interior.

• Escurrir una esponja.

OBJETIVOS INDIRECTOS

• Refinamiento del movimiento y precisión del gesto, trabajo motor, en especial de la mano (preparación indirecta para la escritura).

• Orientación y adaptación al entorno ⇒independencia y confianza en sí mismo.

• Concentración a través de la repetición.

PRESENTACIÓN

Invitar al niño a la actividad. Mostrarle cómo coger la bandeja del estante e invitarlo a llevarla a la mesa. Mostrarle cómo se coge el cubo por el asa e invitarlo a cogerlo para ir a colocarlo a la derecha de su silla. Invitar al niño a ir a llenar de agua el tazón de la izquierda (ayudarlo si es necesario). Cuando el niño ha colocado el tazón en la bandeja, sentarse a su lado. Presentar el material al niño y preguntarle si lo conoce. Decir el nombre si no lo conoce. Verbalizar la actividad que se va a hacer. Desplegar la toalla y colocarla a la derecha de la bandeja. Colocar la esponja en el tazón de la izquierda y mirar cómo se impregna de agua. Cogerla con las dos manos y levantarla. Esperar que se escurra antes de transportarla encima del tazón de la derecha. Exprimir la esponja utilizando todos los dedos. Volver a poner la esponja en el tazón de la izquierda y así sucesivamente hasta que el tazón de la izquierda esté vacío. Dejar la esponja. Secarse las manos. Mostrar al niño que el tazón está vacío. Repetir el mismo ejercicio del tazón de la derecha al tazón de la izquierda. Dejar la esponja. Secarse las manos. Vaciar el tazón lleno en el cubo. Colocar todo el material en el exterior de la bandeja y enjugarla. Colocar en ella el material. Invitar al niño a ir a llenar el tazón y realizar la actividad. Cuando haya terminado de colocar las cosas en la bandeja, poner la toalla en el cubo de la ropa sucia, si es necesario, y colocar una limpia en la bandeja. Llevar la bandeja al estante. Vaciar el cubo y guardarlo en su lugar. Invitar al niño a repetir la actividad cuando quiera.

CONTROL DEL ERROR
Agua vertida.

PUNTO DE INTERÉS

Disminución del nivel del agua. Absorción de la esponja.

OBSERVACIÓN

Se puede hacer observar al niño que siempre hay menos agua al final del ejercicio que al principio.

Trasvasar semillas

MATERIAL

1 bandeja, 2 cuencos, semillas (alubias blancas, por ejemplo) en el cuenco de la izquierda y una cuchara pequeña.

EDAD

3 años.

OBJETIVOS DIRECTOS

• Cuidado del ambiente interior.
• Trasvasar.
• Utilización de la cuchara.

OBJETIVOS INDIRECTOS

• Coordinación de los movimientos, trabajo motor de la mano, refinamiento de los movimientos.
• Coordinación ojo/mano.
• Concentración gracias a la repetición del ejercicio.
• Adaptación al entorno ⇒ independencia.

• Confianza en sí mismo gracias a la descontextualización de un movimiento de la vida corriente.

PRESENTACIÓN

Mostrar al niño cómo se coge la bandeja. Invitar al niño a cogerla y a llevarla a la mesa. Instalarse a su lado y decir el nombre del material con el niño. Coger la cuchara con la mano derecha, colocarla encima del cuenco de la izquierda, inclinarla, meterla dentro, llenarla de semillas, levantarla horizontalmente y desplazarla por encima del cuenco de la derecha, donde se vacía. Repetir la operación hasta que el recipiente de la izquierda esté vacío. Hacérselo observar al niño. Realizar el mismo ejercicio en sentido inverso. Cuando se haya terminado, invitar al niño a hacer el ejercicio. Si las semillas se han caído, desplazar los cuencos de la bandeja para recuperarlas. Colocar el material en la bandeja y llevarlo al estante. Invitar al niño a repetir la actividad cuando quiera.

CONTROL DEL ERROR

Caída de semillas.

PUNTO DE INTERÉS

Semillas, ruido de las semillas cuando caen en el cuenco.

Verter

MATERIAL

1 bandeja, 2 jarras idénticas, una de ellas llena de arroz (sémola o agua para los ejercicios siguientes).

EDAD

3 años.

OBJETIVOS DIRECTOS

• Cuidado del ambiente interior.
• Verter.

OBJETIVOS INDIRECTOS

• Coordinación de los movimientos, refinamiento de los movimientos.
• Coordinación ojo/mano.
• Concentración gracias a la repetición del ejercicio.
• Adaptación al entorno ⇒ independencia.
• Confianza en sí mismo gracias a la descontextualización de un movimiento de la vida corriente.

PRESENTACIÓN

Mostrar al niño cómo se coge la bandeja. Invitar al niño a cogerla y a llevarla a la mesa, instalarse a su lado. Nombrar y presentar el material al niño y preguntarle lo que reconoce. Coger la jarra de la derecha con la mano derecha deslizando un dedo por el asa y colocando el pulgar encima.

Levantar la jarra, colocarla encima de la otra e inclinarla levantando el codo hasta que el arroz se haya vertido en ella. Enderezar la jarra y ponerla en su lugar. Hacer el mismo ejercicio con la mano izquierda de la jarra de la izquierda a la jarra de la derecha. Después invitar al niño a realizar el ejercicio. Si los granos de arroz se han caído, sacar las jarras de la bandeja para recuperar los granos. Colocar el material en la bandeja y llevarlo al estante. Invitar al niño a repetir la actividad cuando quiera.

VARIANTES
- Hacer lo mismo colocando dos dedos bajo el pitorro del recipiente que se levanta.
- Otra bandeja permite hacer el mismo ejercicio con sémola. Una tercera con agua. Entrenarse primero con arroz, porque es más fácil. El agua es la última etapa, porque es más fluida.

CONTROL DEL ERROR
Arroz vertido.

PUNTO DE INTERÉS
Ruido de los granos cuando caen en el recipiente. Utilización de la mano izquierda (o la derecha para los zurdos).

Doblar tejido

MATERIAL

1 caja, 4 pañuelos de tela cuadrados (15 x 15 cm) con líneas rojas bordadas de diferentes maneras:

- 1 línea media que une los centros de 2 lados opuestos (tela n.° 1).
- 2 líneas medias que unen los centros de los lados opuestos (tela n.° 2).
- 1 línea diagonal que une dos ángulos opuestos (tela n.° 3).
- 2 líneas diagonales que unen los lados opuestos (tela n.° 4).

Las telas se colocan planas en la caja, de la n.° 1 a la n.° 4, con la n.° 1 encima.

EDAD
3 años.

OBJETIVOS DIRECTOS
- Cuidado del ambiente interior.
- Doblar tejido.

OBJETIVOS INDIRECTOS
- Coordinación y precisión de los movimientos.
- Coordinación ojo/mano.
- Concentración gracias a la repetición del ejercicio.
- Adaptación al entorno ⟹ independencia, confianza en sí mismo.

- Preparación indirecta para la geometría: equivalencia de superficie a pesar de la diferencia de forma (triángulo, cuadrado, rectángulo), líneas destacables. Una misma superficie puede doblarse en dos y en cuatro de dos maneras diferentes.

PRESENTACIÓN

Lavarse las manos. Mostrar al niño cómo se coge la caja. Invitar al niño a cogerla y a llevarla a la mesa. Instalarse y presentar el material al niño. Nombrarlo y verbalizar lo que se va a hacer antes de empezar una presentación silenciosa:

- Abrir la caja y coger la tela n.° 1. Cerrar la caja y ponerla al lado. Para doblar la tela, coger las esquinas de abajo una después de la otra y moverlas hasta las dos esquinas opuestas. Hacer observar al niño la línea roja. Desdoblar. Invitar al niño a realizar el ejercicio. Cuando haya terminado, colocar la tela plana, arriba a la izquierda de la mesa.
- Coger la tela n.° 2, colocarla delante y doblarla como la n.° 1, hasta la obtención de un rectángulo. Coger las dos esquinas izquierdas del rectángulo y moverlas hasta las esquinas opuestas hasta la obtención de un cuadrado. Hacer observar al niño la línea roja. Desdoblar. Invitar al niño a realizar el ejercicio. Colocar la tela plana a la derecha de la n.° 1.
- Coger la tela n.° 3. Coger la esquina de abajo, doblarla y colocarla sobre la esquina opuesta. Hacer observar al niño la línea roja. Desdoblar. Invitar al niño a realizar el ejercicio. Colocar la tela plana a la derecha de la n.° 2.

- Coger la tela n.º 4, colocarla delante del niño y doblarla como la n.º 3, hasta la obtención de un triángulo. Hacerla girar hasta que la base sea horizontal. Coger la esquina izquierda y doblarla sobre la esquina opuesta. Hacer observar al niño la línea roja. Desdoblar. Invitar al niño a realizar el ejercicio. Colocar la tela plana a la derecha de la n.º 3.

Guardarlo todo con el niño y decirle que puede repetir la actividad cuando quiera.

CONTROL DEL ERROR
El hilo rojo no coincide con el doblez.

PUNTO DE INTERÉS
Formas obtenidas, el doblado hace visible la línea de color.

Doblar papel

MATERIAL
Una cesta o una bandeja, una reserva de 5 tipos de hojas cuadradas (14 x 14 cm) con ambas caras rojas o negras:

- 1 línea media que une los centros de 2 lados opuestos (hoja n.º 1).
- 2 líneas medias que unen los centros de los lados opuestos (hoja n.º 2).
- 1 línea diagonal que une dos ángulos opuestos (hoja n.º 3).
- 2 líneas diagonales que unen los lados opuestos (hoja n.º 4).

- 1 punto en el centro del cuadrado, en la intersección de las medianas y las diagonales (hoja n° 5).

EDAD

A partir de los 3 años.

OBJETIVO DIRECTO

Doblar papel.

OBJETIVOS INDIRECTOS

- Coordinación de los movimientos, refinamiento de los movimientos.
- Coordinación ojo/mano.
- Concentración gracias a la repetición del ejercicio.
- Adaptación al entorno ⇒ independencia y confianza en sí mismo.
- Preparación indirecta para la geometría: cálculo de las áreas, equivalencia de superficie a pesar de la diferencia de forma (triángulo, cuadrado, rectángulo), líneas destacables. Una misma superficie puede doblarse en dos y en cuatro de dos maneras diferentes.
- Preparación indirecta para la papiroflexia y sensibilización al arte.

PRESENTACIÓN

Colocar dos hojas n.° 1 en la cesta o la bandeja e invitar al niño a llevarla a la mesa. Instalarse con el niño y nombrar el material con él. Verbalizar lo que se va a hacer y después realizar la presentación en silencio. Coger una hoja. Colocar un índice y después el otro en los puntos de intersección del trazo rojo y los lados. Para doblar el papel, coger con los pulgares las esquinas de abajo una después de la otra y moverlas hasta las dos esquinas opuestas. Ajustar los bordes. Inmovilizar la hoja con los pulgares. Separar los índices y colocarlos encima de los pulgares para inmovilizar la hoja. Separar los pulgares y colocarlos en el centro del pliegue. Presionar sobre el pliegue del centro hacia los extremos. Hacer observar al niño la línea roja. Colocar la hoja a un lado en la mesa. Invitar al niño a realizar el ejercicio con otra hoja. Invitar al niño a guardar el material y decirle que puede repetir la actividad cuando quiera.

CONTROL DEL ERROR
El trazo rojo no coincide con la doblez.

PUNTO DE INTERÉS
Formas obtenidas, el doblado hace visible la línea de color.

PRESENTACIONES POSTERIORES
• Coger la hoja n.º 2 y doblarla como la n.º 1, hasta la obtención de un rectángulo. Hacerla girar. Doblarla como anteriormente hasta la obtención de un cuadrado. Hacer observar al niño la línea roja. Invitar al niño a realizar el ejercicio.
• Para la hoja n.º 3, hacer girar el cuadrado hasta la obtención de un rombo. Colocar uno a uno los índices so-

bre los ángulos, colocar uno a uno los pulgares bajo el triángulo inferior y doblarlo sobre el superior después de haber ajustado los bordes. Marcar la doblez como para la hoja n.° 1.

- Para la hoja n.°4, doblarla como la n.° 3. Hacerla girar y doblarla de nuevo de la misma manera. Hacer observar al niño la línea roja. Invitar al niño a realizar el ejercicio.
- Para la hoja n.° 5, doblarla. Incluso se puede dar la vuelta al cuadrado obtenido y repetir el mismo doblado. Obtención de un recipiente. Invitar al niño a realizar el ejercicio. Cabe señalar que el niño también puede fabricar sobres de esta manera.

OBSERVACIÓN
Se procura reciclar el papel; puede servir para ejercicios de recortar y de dibujo.

Recortar papel

MATERIAL
Una cesta o una bandeja, un buen par de tijeras pequeñas, un recipiente pequeño y una reserva de 6 tipos de tiras de papel con líneas rojas o negras como sigue:

- 1 tira de 1,5 x 15 cm correspondiente a 1 tijeretazo (tira n.° 1).
- 1 tira de 2,5 x 15 cm correspondiente a 2 tijeretazos (tira n.° 2).

- 1 tira de 4 x 15 cm correspondiente a 5 tijeretazos (tira n.° 3).
- 1 tira de 3 x 15 cm correspondiente a numerosos tijeretazos realizados en línea recta (tira n.° 4).
- 1 tira de 3 x 15 cm para cortar de manera curva (tira n.° 4).
- 1 hoja cuadrada con una espiral correspondiente al recorte avanzado (hoja n.° 5).

EDAD

3 años.

OBJETIVOS DIRECTOS

- Cuidado del ambiente interior.
- Doblar papel.

OBJETIVOS INDIRECTOS

- Coordinación de los movimientos, refinamiento de los movimientos.
- Coordinación ojo/mano.
- Concentración gracias a la repetición del ejercicio.
- Adaptación al entorno ⇒ independencia y confianza en sí mismo.
- Preparación indirecta para el recorte y las artes plásticas.

PRESENTACIÓN

Coger en la reserva las 2 tiras elegidas para cortar y colocarlas en la cesta. Se empieza por la tira n.° 1. Invitar al niño a llevarla a la mesa e instalarse en ella. Presentar el material al niño y nombrarlo. Verbalizar la actividad que se va a hacer y después realizar la presentación en silencio. Coger las tijeras con la mano derecha (si se es diestro). Coger una tira de papel con la mano izquierda. Colocar las manos encima del recipiente. Abrir las tijeras. Colocar el papel entre las tijeras y cerrarlas de manera que se corte sobre el trazo rojo. El trozo cortado cae en el recipiente. Abrir las tijeras y repetir la operación en todos los trazos de la tira. Invitar al niño a hacer el ejercicio y volver a mostrarle el movimiento si necesita ayuda.

CONTROL DEL ERROR
El trazo aparece en los pedazos cortados.

PUNTO DE INTERÉS
Utilización de las tijeras. Obtención de trocitos de papel.

PRESENTACIONES POSTERIORES
Se hace lo mismo con otro tipo de tiras, por orden de dificultad, al ritmo del niño y de sus progresos. Se procura no ir demasiado deprisa para que no se desanime.

Abrochar y desabrochar botones

MATERIAL

Un marco de madera que soporta 2 rectángulos de tela con 5 botones grandes a un lado y 5 ojales al otro lado.

EDAD

A partir de 2 años y medio.

OBJETIVOS DIRECTOS

• Cuidado de la persona.
• Desabrochar y abrochar botones.

OBJETIVOS INDIRECTOS

• Coordinación de los movimientos, refinamiento y control de los movimientos.
• Coordinación ojo/mano.
• Concentración mediante la repetición de la actividad.
• Preparación para la mente lógica mediante la organización y el encadenamiento de las acciones.
• Orientación y adaptación al entorno ⇒ independencia y confianza en sí mismo.
• Confianza en uno mismo mediante la descontextualización de una actividad de la vida cotidiana.

PRESENTACIÓN

Mostrar al niño cómo se sujeta el marco e invitarlo a llevarlo a una mesa. Instalarse con el niño. Presentar el material al niño y preguntarle si sabe de qué se trata. Nombrar el sistema de cierre y verbalizar lo que se va a hacer antes de empezar la presentación en silencio.

- **Desabrochar botones:** sujetar la tela de la izquierda con la mano derecha entre el pulgar y el índice a la altura del botón. Con la mano izquierda, sujetar el botón entre el pulgar y el índice, levantarlo e inclinarlo para hacerlo pasar por el ojal empujándolo con el índice. Hacer lo mismo con los otros 4 botones. Una vez desabrochados todos los botones, abrir el marco cogiendo las 2 esquinas de la tela de la derecha para doblarla hacia la derecha. Hacer lo mismo con la tela de la izquierda. Hacer una pausa y volver a colocar las telas una a una.
- **Abrochar botones:** colocar sucesivamente las manos cerca del botón, la derecha en la tela derecha y la izquierda en la tela izquierda. Coger el botón de la mano derecha entre el pulgar y el índice y hacerlo pasar por el ojal empujándolo con el índice. Cogerlo con la mano izquierda y soltarlo de la mano derecha. Tirar de él hasta que salga por el ojal sujetando la tela de la izquierda con la mano derecha, que antes ha soltado el botón para tirar de la tela.

Invitar al niño a hacer el ejercicio tantas veces como quiera y después incitarlo a guardar el marco en su lugar. Decirle que puede repetir la actividad cuando quiera.

CONTROL DEL ERROR
Botón mal cerrado, botones desviados, etcétera.

PUNTO DE INTERÉS
El botón que desaparece y vuelve a aparecer.

PRESENTACIONES POSTERIORES
Hay otros marcos para descontextualizar los movimientos necesarios para vestirse: la cremallera, los botones pequeños, los automáticos, las tiras autoadherentes, los lazos, hacer nudos, etcétera.

Sensorial

El juego de selección

MATERIAL
1 bandeja con 4 cuencos. Uno está vacío, los otros contienen objetos de tamaños y texturas diferentes (por ejemplo, maíz, garbanzos y alubias o diferentes tipos de cuentas, etc.).

EDAD
A partir de 3 años.

OBJETIVO DIRECTO
• Refinamiento del sentido táctil y de las sensaciones estereognósticas (sensación del tacto ejercido sin la vista asociada).

OBJETIVO INDIRECTO

- Construcción de la inteligencia gracias al refinamiento sensorial y a la utilización de la evaluación, la elección, el juicio y la abstracción.

PRESENTACIÓN

Invitar al niño a seleccionar semillas. Invitarlo a coger la bandeja y llevarla a una mesa. Lavarse las manos y secárselas frotándose los dedos para sensibilizarlos. Instalarse cerca del niño. Tocar una semilla e invitar al niño a hacerlo. Preguntarle si la conoce y nombrarla. Hacer lo mismo con las otras semillas. Mezclar todas las semillas en el cuenco vacío. Poner una semilla de referencia en cada uno de los 3 cuencos. Seleccionar las semillas una a una comparándolas con las que están en los cuencos. Hacer todo el ejercicio con los ojos cerrados. Una vez terminada la selección, mezclar las semillas de nuevo y proponer al niño que realice la actividad. Invitar al niño a hacer el ejercicio tantas veces como quiera y después incitarlo a guardar el material en su lugar. Decirle que puede repetir la actividad cuando quiera.

CONTROL DEL ERROR

Es táctil y visual.

OBSERVACIONES

- Se puede hacer con pasta de formas diferentes o con frutos secos (almendras, avellanas, nueces).
- Se puede preparar una segunda serie de semillas con diferencias más sutiles.

- Se puede hacer el ejercicio vendándose los ojos (las gafas oscuras que se entregan en los aviones son muy útiles).

El juego de las telas

MATERIAL

1 caja con al menos seis pares de telas naturales como fieltro, felpa, paño de lana, tela de yute, tela vaquera o pana.

EDAD

A partir de 3 años.

OBJETIVO DIRECTO

- Refinamiento del sentido del tacto.

OBJETIVO INDIRECTO

- Construcción de la inteligencia gracias al refinamiento sensorial y a la utilización de la evaluación, la elección, el juicio y la abstracción.

PRESENTACIÓN

Invitar al niño a manipular las telas. Invitarlo a coger la caja y llevarla a una mesa. Lavarse las manos y secárselas frotándose los dedos para sensibilizarlos. Instalarse a la derecha del niño. Abrir la caja y colocarla sobre su tapa. Sacar una tela por pareja y alinearlas. Cerrar la caja y ponerla al lado. Tocar las telas una por una e invitar al niño a tocarlas progresivamente. Empezar por las más contrastadas. Presentar las telas una por una a la vez que se dice su nombre y preguntar al niño si las conoce. Sacar de la caja el otro juego de telas sin tocarlas. Alinearlas bajo las otras en desorden. Coger una de la primera línea, tocarla y después, para encontrar su pareja de manera táctil, tocar las de la segunda línea sin mirarlas demasiado. Una vez encontrada, poner la pareja al lado. Invitar al niño a continuar este emparejamiento. Proponer al niño volver a empezar. Eventualmente, se le puede proponer cerrar los ojos.

CONTROL DEL ERROR

Es táctil y visual.

POSTERIORMENTE

Proponer al niño la realización del ejercicio con los ojos vendados o cerrados. Tenderle las telas. Darle una tela de la primera línea y proponerle otras de la segunda línea hasta que reconozca la misma. Y así sucesivamente. También se le pueden dar dos de golpe y preguntarle si son las mismas. Decirle que las deje y ofrecerle otras dos. Repetir la pregunta y después preguntarle si una de las telas es idéntica a las primeras que ha tocado. Y así sucesivamente.

OBSERVACIONES

- Se puede disponer de una segunda caja con tejidos más finos como el satén, la seda, el tul, la muselina, el tafetán, el encaje…
- Un día, se puede utilizar una flor de algodón, un poco de

lana de cordero y la foto de un gusano de seda y explicar la fabricación de las telas.

Las bolsas de misterios

MATERIAL

1 bolsa que contenga una decena de objetos pequeños heteróclitos y 2 bolsas iguales que contengan 10 sólidos geométricos idénticos.

EDAD

A partir de 3 años.

OBJETIVO DIRECTO

- Refinamiento de las percepciones estereognósticas (capacidad de reconocer una forma o un volumen por el tacto, sin la ayuda de los demás sentidos).

OBJETIVOS INDIRECTOS

- Construcción de la inteligencia gracias al refinamiento sensorial y a la utilización de la evaluación, la elección, el juicio y la abstracción.
- Preparación indirecta para la geometría.

PRESENTACIÓN

Invitar al niño a manipular la bolsa de misterios. Lavarse las manos y secárselas frotándose los dedos para sensibilizarlos. Invitar al niño a coger la primera bolsa y llevarla a una mesa o una alfombra. Instalarse a la derecha del niño. Meter la mano en la bolsa. Elegir un objeto y mostrar que se manipula sin intentar mirarlo para adivinar lo que es mediante el tacto. Nombrar el objeto y después sacarlo de la bolsa. Invitar al niño a hacer lo mismo. Repetir la operación de forma alterna hasta que la bolsa esté vacía.

CONTROL DEL ERROR
Es visual.

PUNTO DE INTERÉS
Satisfacción de reconocer sin ver y verificar mirando.

POSTERIORMENTE
Coger las bolsas iguales. Coger una y pedir al niño que coja la suya. Meter las manos en la bolsa y tocar los sólidos. Invitar al niño a hacer lo mismo. Preguntar: «¿Qué sacamos? ¿Un cubo?». Sacarlo. El niño saca el suyo. Pedir al niño que elija el próximo sólido y así sucesivamente de forma alterna. Poner los objetos por parejas. Una vez que la bolsa está vacía, volver a meter los objetos dentro. Repetir el proceso si el niño quiere y después guardar las bolsas.

JUEGO
Los niños pueden jugar de tres en tres. Uno de ellos pide a los otros dos que saquen un sólido determinado lo más rápido posible.

OBSERVACIÓN

Se pueden cambiar los objetos de la primera bolsa regularmente.

Liso y rugoso (1)

MATERIAL

2 tablillas (aprox. 24 x 13 cm). La primera tiene una mitad lisa y la otra mitad rugosa. La segunda alterna 5 superficies lisas y 5 tiras rugosas.

EDAD

3 años.

OBJETIVOS DIRECTOS

• Refinamiento del sentido del tacto.

• Nombrar las percepciones y las cualidades, lisa y rugosa.

OBJETIVOS INDIRECTOS

• Construcción de la inteligencia gracias al refinamiento sensorial y a la utilización de la evaluación, la elección, el juicio y la abstracción.

• Preparación para la escritura, en especial para la utilización de las letras rugosas.

PRESENTACIÓN

Invitar al niño a manipular las tablillas lisas y rugosas. Coger una e invitarlo a coger otra. Llevarlas a una mesa. Invitar al niño a hacer lo mismo. Coger la primera tablilla. Con la mano derecha, rozar la parte lisa varias veces de arriba abajo. Hacer lo mismo con la parte rugosa. Realizar una lección en tres tiempos utilizando 2 tablillas (cf. La lección en tres tiempos, p. 111). Coger la primera tablilla. Tocarla y decir alternativamente: «lisa, rugosa». Dar la tablilla al niño para que haga lo mismo. Coger la segunda tablilla y tocar las superficies lisas y rugosas de la izquierda hacia la derecha diciendo: «lisa, rugosa». Invitar al niño a hacerlo. Preguntarle: «¿Puedes tocar algo liso? ¿Y rugoso?». En un tercer tiempo, pedirle que toque una superficie designada y después preguntarle cómo es. Colocar las tablillas en el estante. Incitar al niño a hacer el ejercicio tantas veces como quiera y después invitarlo a guardar el material en su lugar. Decirle que puede repetir la actividad cuando quiera.

CONTROL DEL ERROR

Es táctil y visual.

OBSERVACIÓN

Se pueden sumergir los dedos en agua tibia y secárselos frotándolos si se quiere aumentar la sensibilidad antes de hacer el ejercicio.

Liso y rugoso (2 y 3)

MATERIAL

En una caja, 5 pares de placas con diferentes gradaciones de papel de lija.

EDAD

3 años.

OBJETIVOS DIRECTOS

• Refinamiento del sentido del tacto.
• Nombrar las percepciones y utilizar comparativos y superlativos.

OBJETIVOS INDIRECTOS

• Construcción de la inteligencia gracias al refinamiento sensorial y a la utilización de la evaluación, la elección, el juicio y la abstracción.
• Preparación para la escritura, en especial para la utilización de las letras rugosas.

PRESENTACIÓN DE LA ACTIVIDAD «LISO Y RUGOSO 2»

Coger las parejas de placas rugosas. Sacar 1 placa por par tocándolas a medida que se sacan e invitando al niño a tocarlas. Empezar por las más contrastadas, después sacarlas y alinearlas en desorden. Sacar el otro juego de placas sin tocarlas. Alinearlas bajo las otras en desorden. Coger una de la primera línea, tocarla y después, para encontrar su pareja de manera táctil, tocar las de la segunda línea sin mirarlas demasiado. Una vez encontrada, poner la pareja al lado y repetir el ejercicio para los otros 4 pares. Mezclar todas las placas en 2 líneas e invitar al niño a colocarlas en parejas. Proponerle que cierre los ojos. Darle una placa de la primera línea y proponerle otras de la segunda línea hasta que reconozca la misma. Y así sucesivamente. Invitar al niño a hacer el ejercicio tantas veces como quiera y después incitarlo a guardar el material en su lugar. Decirle que puede repetir la actividad cuando quiera.

PRESENTACIÓN DE LA ACTIVIDAD «LISO Y RUGOSO 3»
Cuando el niño ha manipulado bien, puede establecer la gradación de un juego de placas. Mostrarle cómo hacerlo comparando las tablillas al tacto, empezando por las más contrastadas.

CONTROL DEL ERROR
Es táctil y visual.

OBSERVACIÓN
Se pueden sumergir los dedos en agua tibia y secárselos frotándolos si se quiere aumentar la sensibilidad antes de hacer el ejercicio.

El juego de los olores

MATERIAL

En una bandeja, 4 pares de frascos pequeños de cristal que contienen algodones impregnados de esencias naturales como: menta, eucalipto, lavanda y flor de azahar. Colocar pegatinas de colores diferentes en las dos series para distinguir una de otra.

EDAD

A partir de 3 años.

OBJETIVOS DIRECTOS

• Refinamiento del sentido del olfato.

• En lenguaje, eventualmente el nombre de los olores.

OBJETIVOS INDIRECTOS

• Construcción de la inteligencia gracias al refinamiento sensorial y a la utilización de la evaluación, la elección, el juicio y la abstracción.

• Exploración olfativa del mundo.

PRESENTACIÓN

Invitar al niño a manipular los frascos de olores. Pedirle que coja la bandeja y la lleve a una mesa. Instalarse a la derecha del niño si es diestro. Sacar una serie de frascos, olerlos a medida que se sacan e invitar al niño a hacerlo. Alinearlos. Sacar el otro juego de frascos sin abrirlos. Alinearlos bajo los otros en desorden. Invitar al niño a ponerlos por parejas. Colocar delante del niño un frasco de la primera línea y proponerle otros de la segunda línea hasta que reconozca el mismo olor. Hacer lo mismo con los otros frascos. Repetir la actividad si el niño lo desea. Invitar al niño a hacer el ejercicio tantas veces como quiera y después invitarlo a guardar el material en su lugar. Decirle que puede repetir la actividad cuando quiera.

CONTROL DEL ERROR

Es olfativo. También se puede decidir colocar pegatinas de referencia bajo los frascos.

PUNTO DE INTERÉS

Placer de sentir los olores.

IDEAS

- Antes, se puede haber presentado una bandeja de plantas aromáticas. Se puede proponer al niño que empareje ramos de plantas olorosas como el tomillo, la menta, la albahaca...
- Después, se le puede proponer que empareje olores como la canela, el clavo, el café, la vainilla...
- Se pueden asociar olores en frasco con olores naturales.

Lenguaje

Los juegos de análisis de los sonidos

MATERIAL
1 bandeja, 1 cesta que contenga una decena de objetos que se pueden cambiar a menudo.

EDAD
A partir de 2 años y medio.

OBJETIVO DIRECTO
• Análisis y reconocimiento de sonidos.

OBJETIVO INDIRECTO
• Preparación para el mecanismo mental de la escritura y la lectura.

PRESENTACIÓN
Puede ser colectiva. Se hace de manera diferente según la edad de los niños.

• **A los 2 años y medio, 3 años:** invitar al niño a hacer un juego. Instalarse a su derecha con el material. Colocar la cesta al lado y la bandeja delante. Elegir al azar un objeto de la cesta y colocarlo en la bandeja. Decir al niño: «Mi ojito ve en la bandeja un objeto que empieza por el sonido "ch", ¿qué ve mi ojito?». Una vez que el niño ha respondido, poner el objeto al lado y repetir la operación con otro que se mantiene en la mano o se coloca en la mesa. Así sucesivamente para todos los objetos. Guardar el material con el niño y pedirle que lo lleve al estante.

- **A los 3 años, 3 años y medio:** mismo ejercicio con 2 o 3 objetos a la vez. El niño debe elegir entre los objetos.

- **A los 4 años, 4 años y medio** (paralelamente a las letras rugosas y el alfabeto móvil): sacar objetos que empiecen por el mismo sonido. Decir: «Mi ojito ve un objeto que empieza por "b" y termina por "on"». Sacar varios objetos y preguntar al niño en cuál se oye el sonido «i» o el sonido «o», etcétera. Sacar 3 objetos y preguntar al niño en cuál se oye el sonido «f» (1 respuesta posible), en cuál se oye «r» (2 respuestas) y después el sonido «a» (3 respuestas). Aumentar las dificultades poco a poco. Pedir dos sonidos en un mismo objeto, etcétera.

CONTROL DEL ERROR
Es auditivo.

PUNTO DE INTERÉS
Manipular objetos en miniatura.

OBSERVACIÓN
Hacer el ejercicio regularmente de manera espontánea.

Las historias para contar

MATERIAL

• Para los niños de 3 años: una serie de tres tarjetas secuenciales.

• Para los niños de 4 años: una serie de seis tarjetas secuenciales.

• Cuando el niño está cómodo con las secuencias anteriores, se pueden utilizar series de imágenes más numerosas.

EDAD

Desde los 2 años y medio.

OBJETIVOS DIRECTOS

• Orientarse en el tiempo y en el espacio.

• Favorecer la expresión oral del niño, que cuenta la historia a su manera y justifica sus elecciones utilizando conectores lógicos.

OBJETIVOS INDIRECTOS

• Organización lógica del pensamiento.

• Coherencia del relato.

PRESENTACIÓN

La actividad puede hacerse con uno o varios niños. Se hace de manera adaptada a la edad de los niños. Invitar al niño a contar historias con imágenes. Decirle que elija una serie de imágenes secuenciales entre las que sean adecuadas para su edad. Pedirle que lleve la serie de imágenes a una mesa o a una alfombra de trabajo. Instalarse a su derecha si se es diestro para que vea bien las tarjetas. Colocarse a su izquierda si se es zurdo. Mostrar las tarjetas y colocarlas una a una invitando al niño a comentarlas. Cada imagen es la ocasión de un comentario. Inducir al niño a hablar haciéndole preguntas. Colocar las tarjetas unas al lado de las otras a medida que se van sacando. Cuando se hayan visto todas, pedir al niño que reconstruya la historia colocando las imágenes por orden. Invitarlo a contarnos la historia que se ha creado. Ayudarlo a explicitar sus opciones. Guardar el material. Invitar al niño a repetir la actividad cuando quiera. Para las historias que presenten secuencias complejas, el adulto puede optar por presentarlas una vez por orden y exponer las etapas antes de invitar al niño a repetirlas a su vez.

CONTROL DEL ERROR
Verificar con las tablas de control o hablando con el adulto.

PUNTO DE INTERÉS
Placer de contar una historia.

OBSERVACIÓN
Si el niño tiene dificultades, se puede tomar la primera imagen, comentarla con el niño y después ayudarlo a encontrar la siguiente haciéndole preguntas. Y así sucesivamente si es necesario.

POSTERIORMENTE

Se puede proponer el niño que construya su propia serie de imágenes secuenciales. Se le puede invitar a elegir el tema. Puede utilizar diferentes soportes: el dibujo, el recorte y pegado, la foto, la impresión de una serie de imágenes de Internet... Después puede proponer a sus compañeros la reconstrucción de su historia.

Las letras rugosas

MATERIAL

26 placas con letras del alfabeto español en minúscula y cursiva, rugosas. Las tablillas de las vocales son rosas y las de las consonantes son azules (o al revés). Hay 2 tamaños de tablillas según el de la letra.

EDAD

4 años.

OBJETIVOS DIRECTOS

• Aprendizaje de las 26 letras del alfabeto.
• Memorización muscular del trazado de la letra.
• Reconocimiento visual, táctil y auditivo de las letras.

OBJETIVO INDIRECTO

• Preparación para la lectura y la escritura.

Las fichas de actividades

Invitar al niño a manipular las letras rugosas. Decir al niño por qué sonido empieza su nombre y sacar la primera letra, si corresponde con el primer sonido. Si no es así, elegir con el niño un nombre que convenga. Pronunciar el sonido de la letra. Preguntar al niño si conoce otras palabras que empiecen de la misma manera. Tocar la letra siguiendo suavemente su trazado con dos dedos. Pronunciar la letra. Invitar al niño a tocar y pronunciar la letra. Hacer lo mismo con otras dos letras (entre ellas, al menos una vocal). Realizar una lección en tres tiempos con las tres letras presentadas. Cuando la lección haya terminado, llevar el material al estante.

CONTROL DEL ERROR
Es visual, táctil y auditivo.

PUNTO DE INTERÉS
Atracción por las letras.

POSTERIORMENTE
Otro día, después de haber comprobado que el niño ha memorizado bien las tres primeras letras, hacerle una lección sobre tres letras nuevas. Y así sucesivamente hasta que las conozca todas. Más tarde, presentar las particularidades: la letra «w» y sus dos pronunciaciones, las tres letras que se pronuncian «c» (q, c, k), etcétera.

OBSERVACIONES

• Si la lección en tres tiempos es demasiado difícil para el niño cuando hay tres nuevos elementos, hacerla con dos.

• Cualquier ayuda inútil es un obstáculo para el desarrollo del niño: no se ponen ni flechas ni pegatinas en las placas de las letras rugosas. No convine que el niño las asimile como si formaran parte de la letra, como un acento, por ejemplo. Es necesario que la letra sea pura, esté sola, destacándose sobre el fondo. Este material se presenta en la relación. El acompañante es el que muestra el sentido del movimiento que hay que realizar para trazar la letra, esto es muy importante.

• Pronunciar el sonido y no el nombre de la letra.

• Prever un sistema para saber dónde se encuentra el niño en el aprendizaje del alfabeto (una ficha por niño que puede llenar él mismo o con el adulto).

• Cuando el niño conozca una decena de letras, puede utilizar el alfabeto móvil.

Escribir en arena o sémola

MATERIAL

1 bandeja con arena o sémola, las 26 letras rugosas

EDAD

4 años.

PRESENTACIÓN

Elegir una letra con el niño, pronunciarla, trazarla tocando la letra rugosa y después trazarla en la arena con el dedo. Invitar al niño a realizar el ejercicio. Al sacudir la bandeja, el trazado se borra. Es muy lúdico y, dado que no deja huellas, el niño está desinhibido. Incitar al niño a guardar y volver a utilizar este material cuando quiera.

CONTROL DEL ERROR

Comparación con la letra rugosa.

PUNTO DE INTERÉS

Desaparición de la letra cuando se sacude la bandeja.

POSTERIORMENTE

Trazar una palabra. ¿Y por qué no una frase en la arena del parque o de la playa?

Matemáticas

Las cifras rugosas

MATERIAL

10 tarjetas con las cifras rugosas de 0 a 9.

EDAD

Hacia los 4 años, después de haber jugado bien a contar, ante los primeros signos de interés por las cifras. Esto puede ocurrir mucho más temprano en algunos niños.

OBJETIVOS DIRECTOS
* Aprendizaje de los símbolos de 0 a 9.
* Memorización muscular del trazado de la cifra.
* Reconocimiento visual, táctil y auditivo de las cifras.

OBJETIVOS INDIRECTOS
* Preparación para la lectura y la escritura de las cifras.

PRESENTACIÓN

Preguntar al niño qué edad tiene y sacar la cifra correspondiente. Nombrarla y tocarla siguiendo suavemente su trazado con dos dedos. Nombrar la cifra. Invitar al niño a tocar y a nombrar la cifra. Hacer lo mismo con otras dos cifras. Realizar una lección en tres tiempos con las tres cifras presentadas. Incitar al niño a guardar y volver a utilizar este material cuando quiera.

CONTROL DEL ERROR

Es visual, táctil y auditivo.

PUNTO DE INTERÉS

Atracción por las cifras.

POSTERIORMENTE

Otro día, después de haber comprobado que el niño ha memorizado bien las tres primeras, hacerle una lección sobre tres cifras nuevas. Y así sucesivamente hasta que las conozca todas. Si no recuerda una de las tres primeras, repetirla tantas veces como sea necesario.

OBSERVACIONES

- No se presenta el 0 en un primer tiempo. Se hace una vez que el niño se ha introducido con el juego de los husos (cf. actividad siguiente).
- Se evita presentar el 6 y el 9 el mismo día. Estas cifras se parecen en la medida en que son idénticas cuando se pone una al revés. Se le puede mostrar al niño o invitarlo a descubrirlo cuando las domina bien. Pero no se ponen referencias ni flechas en las tarjetas, porque cualquier ayuda inútil es un obstáculo para el desarrollo, decía Maria Montessori. No convine que el niño las asimile como si formaran parte de la cifra.
- Si la lección en tres tiempos es demasiado difícil para el niño cuando hay tres nuevos elementos, hacerla con dos.

El juego de los husos

MATERIAL

1 caja con 10 compartimentos numerados del 0 al 9, 1 cesta que contiene 45 husos (se pueden utilizar lápices sin punta), un recipiente pequeño con 8 gomas elásticas.

EDAD

A partir de los 4 años.

OBJETIVOS DIRECTOS

• Aprender la numeración del 0 al 9.
• Comprender el 0.

OBJETIVOS INDIRECTOS

• Comprender el valor cardinal del número (número de unidades contenidas).
• Comprender el valor ordinal del número (lugar en la secuencia).
• Comprender el valor absoluto (gracias a las gomas que unifican las unidades).

PRESENTACIÓN

Invitar al niño a hacer algo nuevo. Presentar el material al niño. Llevar el material a una mesa con la ayuda del niño e instalarse a su derecha. Pedir al niño que lea las cifras designándoselas del 1 al 9. Pedir al niño que vuelva a leer el 1. Tomar un huso, decir «uno» y colocarlo en el compartimento correspondiente. Hacer lo mismo con el 2 y el 3, y colocar una goma alrededor de los conjuntos de husos. Invitar al niño a continuar el ejercicio leyendo y contando los husos en voz alta. Cuando el niño haya terminado, presentarle el cero y explicarle que simboliza la «nada», la ausencia, el vacío. Mostrar al niño el compartimento vacío, la cesta vacía. Proponer un juego al niño; pedirle que dé tres palmadas y hacerlo con él. Decirle que dé seis palmadas, dos palmadas, cero palmadas, etcétera. Incitar al niño a guardar el material y a utilizarlo cuando quiera

CONTROL DEL ERROR
Es visual, si quedan o faltan husos.

PUNTO DE INTERÉS
El 0, el compartimento vacío.

OBSERVACIÓN
Una vez presentado este material, se puede mostrar el cero rugoso.

El juego de las fichas

MATERIAL

55 fichas y 10 números del 0 al 10.

EDAD

A partir de los 4 años.

OBJETIVOS DIRECTOS

• Conocimiento de la numeración del 0 al 10.
• Introducción de las nociones de «par» e «impar».

OBJETIVO INDIRECTO

• Introducción al múltiplo de los números y a la divisibilidad.

PRESENTACIÓN

Presentar las cifras una a una y pedir al niño que las lea. Pedirle que construya la secuencia del 1 al 10. Invitarlo a leerla de un tirón. Pedirle que ponga bajo cada símbolo el número de fichas correspondiente. Pedirle que las cuente en voz alta a medida que las vaya colocando. Indicarle cómo disponerlas. Decir al niño que se le va a mostrar algo nuevo. Designar el 1 colocando el dedo bajo la ficha. Pedir al niño que lea la cifra. Colocar el dedo bajo las dos fichas. Cuando el niño diga «2», deslizar el dedo sobre la mesa para separar las dos fichas y desplazar la cifra 2 hacia arriba. Colocar el dedo bajo las tres fichas. Colocar el dedo bajo el grupo de cuatro fichas. Cuando el niño diga «4», deslizar el dedo sobre la mesa para separar las cuatro fichas en dos grupos de dos y desplazar la cifra 4 hacia arriba. Hacer lo mismo con todos los grupos de fichas según si son pares o impares. Presentar el vocabulario «par» e «impar» y hacer constatar al niño que no siempre es posible abrir un camino entre las fichas dividiéndolas en dos grupos iguales. Cuando se puede, el número es par: 2, 4, 6, 8, 10, separable en dos grupos de fichas (ejemplo de los zapatos, etcétera). Cuando no se puede, el número es impar: 1, 3, 5, 7, 9. Realizar una lección en tres tiempos sobre los conceptos par e impar. Incitar al niño a guardar y repetir la actividad cuando quiera.

CONTROL DEL ERROR
Es visual.

PUNTO DE INTERÉS
Pasar el dedo para dividir un grupo en dos partes iguales.

Testimonio sobre iniciativas montessorianas en escuelas públicas

Béatrice Missant, profesora de escuela (78)

Béatrice Missant ha enseñado en la escuela de Petits Bois de Versalles, en un barrio difícil. Las seis clases de preescolar funcionan con talleres Montessori. Los alumnos del curso preparatorio y de CE1 (curso elemental) también gozan de «tiempo Montessori» en su empleo del tiempo. Se ha creado un aula especial dedicada a estas actividades.

Como consecuencia de esta experiencia en el grupo escolar de Petits Bois, los intentos de funcionamiento en talleres Montessori en la escuela pública en el oeste parisino son cada vez más numerosos.

«He enseñado diez años en un barrio difícil. El análisis de la vida del barrio demuestra una gran disparidad de categorías socioculturales: un tercio de las familias domina poco o mal la lengua francesa, las familias monoparentales son cada vez más numerosas y la escuela acoge a niños que proceden de hogares de la DDASS (Dirección Departamental de Asuntos Sanitarios y Sociales). Los comportamientos de los niños denotan la ausencia de autoridad parental: están siempre agitados, las agresiones físicas y verbales son numerosas, les falta concentración en clase y tienen dificultades para escuchar, comprender y recordar las consignas dadas por los profesores. El lenguaje oral es de una gran pobreza y de una gran aproximación.

Gracias a los talleres Montessori que he realizado durante una quincena de años consecutivos, es mucho más fácil tratar estas numerosas dificultades. [...] Gracias a estos talleres y al balance que los acompaña, el ambiente de clase es tranquilo y propicio para el trabajo: todos los niños se sienten a la vez aceptados en su diferencia y parte integrante del grupo. Participan en la vida de este grupo, donde todo el mundo cumple las mismas reglas y que, sin embargo, permite el trabajo en talleres individuales. Los niños aprovechan este ambiente que favorece el desarrollo durante todo el día, porque desborda el marco de los talleres de libre elección. Por la tarde, al reintegrarse a sus medios familiares, algunos vuelven a caer en las dificultades de la vida. Al día siguiente, con su "paquete de desdichas en la mano", su jornada en la escuela les ofrece de nuevo un paréntesis a la vez de libertad para sí mismos, de confianza y de desarrollo en grupo. A partir de aquí, el niño puede dedicarse totalmente a sus aprendizajes...»[12]

Testimonio sobre los talleres Montessori en la escuela pública

Una directora de escuela pública (Île-de-France)

El comportamiento agitado de los niños de nuestra escuela nos incitó a reflexionar sobre nuestros métodos de trabajo. Hace unos años, una animación dedicada a la pedagogía de Maria Montessori nos ofreció la posibilidad de profundizar en este enfoque, que yo ya utilizaba desde hacía varios años en forma de talleres Montessori. Al constatar que interesaba mucho a los niños, que reclamaban cada vez con mayor frecuencia la utilización de estos talleres, y que favorecían su concentración, decidimos continuar con este tipo de trabajo. Los talleres Montessori forman parte de nuestro proyecto de escuela, lo cual ha sido aprobado por los inspectores de nuestra circunscripción.

La concentración y la calma que este trabajo generan permiten una observación y una evaluación mucho más profundas que en nuestras prácticas de clase habituales; esto ocurre en todos los niveles de competencias: respeto de las reglas, capacidad de es-

---

12. Béatrice Missant, *Des ateliers Montessori à l'école: Une expérience en maternelle*, ESF, 2014.

pera, respeto de los demás, ordenación de cada uno de los talleres, manipulaciones muy diversificadas, motricidad fina, deducción, observación y trabajo de los sentidos.

Sin embargo, a pesar de que ya hemos «fabricado» cierto número de materiales, no podemos hacerlo todo debido a su complejidad y a nuestra falta de formación. Por otra parte, el coste de este material es elevado en el comercio. Es lamentable que estos proyectos no sean apoyados por la educación nacional, aunque solo sea en el aspecto financiero. Las formaciones deberían ofrecerse o proponerse más fácilmente en las circunscripciones. Deberían concederse ayudas para desarrollar su aplicación en el seno de los equipos docentes que deseen ofrecer esta pedagogía. No obstante, algunas escuelas públicas llegan a aplicarla, como hemos hecho nosotros, al precio de numerosas horas de trabajo, investigación, preparación, creación y acondicionamiento, ¡en la medida de nuestras posibilidades! Por desgracia, este método es demasiado poco conocido y está demasiado poco desarrollado en Francia, a diferencia de nuestros países vecinos.

La pedagogía de Maria Montessori proporciona gran cantidad de herramientas para los alumnos. Es una base muy rica que permite a los niños abordar los aprendizajes de manera lúdica y atractiva respetando su desarrollo, su motivación y su interés por descubrir nuevos conocimientos. Son actores y no sujetos pasivos durante los talleres Montessori.

Testimonio sobre los métodos pedagógicos

Bernard Kimmes, director de escuela (64)

Procedente de la primera formación de maestros en tres años (promoción 1979-1982), empecé en un batallón paracaidista. Mi misión era preparar lo mejor posible a mis sesenta y dos alumnos para el título de estudios primarios. Era mi primer y terrible acercamiento al mundo de la educación. ¡Muchos de mis alumnos eran analfabetos!

Estuve de 1983 a 1988 en una pequeña escuela rural. La gestión de una clase con varios niveles fue un ejercicio enriquecedor. Después de 1988, fui director de una escuela en Bayona. De 2004 a 2007, inscribí la escuela en un proyecto de intercambios internacionales. Nuestros colaboradores eran ingleses, alemanes, españoles e italianos. Visité las escuelas colaboradoras y me di cuenta de que los enfoques pedagógicos eran más o menos los mismos que los nuestros, con resultados similares.

En verano de 2005, pasé un mes en un curso en la Universidad de Caen, me impresionó una reflexión del profesor. En efecto, trastornó nuestras certezas pedagógicas afirmando que las pedagogías practicadas en nuestros países industrializados eran frontales. Es decir, que, en la inmensa mayoría de las clases, el niño no sabe lo que le va a ocurrir. Solo lo sabe el adulto. El niño espera del adulto un menú que tendrá que empollarse; aunque el adulto haya puesto en ello toda su habilidad, este menú se le impone. Pregunté a este profesor si Montessori formaba parte de las pedagogías frontales..., hizo una pausa y me respondió: «¡No! Montessori es aparte...».

En verano de 2006, di el paso, me inscribí en una formación de educador Montessori para niños de 6 a 12 años en Baldegg, Suiza: formación organizada por la Asociación Montessori Internacional. Desde el primer día, a pesar de la «consistencia» de mis experiencias profesionales, me sentí seducido por un enfoque que parte exclusivamente del niño... Leí algunas obras de Maria Montessori, sobre todo *Éduquer le potentiel humain*, *Educación y paz* y *La mente absorbente del niño*... Aquel verano de trabajo denso puso en entredicho muchas de mis certezas. Finalmente, aprendí a conocer mejor al niño comprendiendo sus diferentes planos de desarrollo. Observé una clase de 6 a 12 años en Suiza y en París...

Descubrí en ella un enfoque que respeta al niño y que se basa en sus necesidades emergentes a lo largo de sus periodos sensibles.

Por desgracia, no pude finalizar esta formación porque requería observaciones en clases Montessori y... mi inspector de academia no me dio permiso para ir. Desde septiembre de 2007, sigo la reflexión y el trabajo de educadores Montessori para niños de 6 a 12 años que se reúnen regularmente.

Me doy cuenta, a pesar de haber comprado algunos materiales Montessori, de que realmente no puedo enseñar como me gustaría. Esto requiere trabajar desde las primeras clases de preescolar, porque parece imposible despojar al niño de todas sus costumbres de alumno que lo espera todo del adulto y no ha aprendido a pensar por sí mismo en el plazo de un año... ¡y, sin embargo, estoy convencido de que la solución educativa pasa por un «enfoque montessoriano»!

Una clase Montessori humanitaria

Por Claire Tottoli, educadora Montessori AMI, que pasó ocho años en la India al servicio de los niños en una Casa de los Niños

Los niños pobres del barrio no tenían escuela. Ahora tienen su casa.

Desde septiembre de 2000, existe una Casa de los Niños en un barrio de intocables de Bangalore, en el sur de la India. Una casa muy pequeña, como las casas donde vive la gente de castas bajas. El barrio en el que estamos implantados no es viejo, está formado por familias que proceden del campo de los alrededores. Por lo tanto, se habla tamil, urdu, malabar, canarés y telugu. El reto para nosotros es enseñar inglés a nuestros niños para que puedan abrirse al mundo. El paro y la promiscuidad habían atizado los odios raciales y, por supuesto, el alcohol no arregló nada. Muy deprisa, el barrio se volvió violento.

Empezamos con cinco niños y cuatro juegos de cartón fabricados con material reciclado. La escuela cuenta ahora con 28 niños. Cerca de la mitad de las familias que nos confían a sus hijos no pueden darles una comida al día. Las comidas de la mañana y del mediodía son, pues, gratuitas y muy completas. Las madres acuden a cocinar por turnos. «El compromiso de unos y otros ha creado lazos entre la gente –dice la madre de Teherine, una de nuestras pequeñas alumnas–. Ahora tenemos un proyecto común, queremos que nuestros hijos salgan adelante y les damos lo mejor de nosotros mismos.»

[...] Nuestras casas son lugares de vida más que escuelas propiamente dichas. Actualmente, existen unas cuarenta en una quincena de países: en los barrios marginales (Perú, Brasil, República Dominicana), en el campo (Camerún, Benín, Togo), en pueblos o en zonas urbanas del cuarto mundo (Francia, Polonia, Níger, Argelia, Alemania, Rumanía). ¡Incluso hay una en una tienda de nómadas en Níger! En estos diferentes países, los niños que tienen la suerte de pasar por ellas alcanzan enseguida un nivel escolar muy bueno. Una prueba, por si hace falta, de que se necesita poco para permitir a los más desfavorecidos adquirir también la instrucción y los diplomas que cambian una vida, respetando su cultura.

Estas Casas de los Niños favorecen la inserción local; pronto se hacen cargo de ellas monitoras procedentes preferentemente de estos medios muy pobres. Se forman en la pedagogía inspirada por Montessori, Lubienska de Lenval y otros, así como en numerosos ámbitos: acompañamiento del embarazo (haptonomía), del parto, cuidados del recién nacido, psicomotricidad y despertar del bebé, organización de la casa, salud... De esta manera, adquieren competencias y habilidades de las que se beneficia su familia y su barrio; todo un medio evoluciona. «Cuando empecé –dice Lelil–, no sabía ni leer ni escribir en inglés. No decía nada, escuchaba.

Poco a poco, tomé confianza en mí misma y me lancé, aprendí a utilizar el material inspirado en Montessori.» Se han creado fichas que explican la utilización del material en forma de cómic para permitir a las futuras monitoras recordar lo que han aprendido y enseñárselo a las demás.

Cómo ser educador/educadora Montessori

El Instituto Superior Maria Montessori ofrece una formación de educadores Montessori para niños de 0 a 3 años y de 3 a 6 años, y entrega el diploma Montessori Internacional de la Asociación Montessori Internacional. Esta formación permite a los estudiantes adquirir un conocimiento profundo y completo de:

- La filosofía Montessori (la educación como una ayuda para la vida).
- La teoría del desarrollo del niño según Maria Montessori.
- La importancia del entorno en el desarrollo del niño, el papel del educador y las ayudas al desarrollo puestas a disposición del niño.
- La presentación del material Montessori adaptado a las necesidades de desarrollo del niño según el grupo de edad.

Esta formación de más de 990 horas permite también adquirir competencias profesionales seguras, a través de los talleres de manipulación del material pedagógico Montessori, cursillos de observación y un cursillo práctico en una Casa de los Niños.

Se seleccionan los estudiantes con un nivel de máster (o equivalente).

El Centro de Formación Montessori Francofonía ofrece una formación de educadores Montessori para niños de 6 a 12 años y entrega el diploma Montessori Internacional de la Asociación Montessori Internacional.

¿Lo sabía?

Los fundadores norteamericanos de Amazon (Jeff Bezos) y de Google (Larry Page y Sergey Brin) son antiguos alumnos montessorianos y atribuyen en gran parte su éxito al hecho de haber tenido una escolarización en escuelas montessorianas. Dicen que esta educación les enseñó a pensar por sí mismos y les dio la libertad de perseguir su leyenda personal. ¡Esto les dio alas!

Otros incondicionales de la educación Montessori que:

- fueron a la escuela Montessori: Jacqueline Kennedy, los príncipes Guillermo y Harry de Inglaterra, Ana Frank, el violinista norteamericano Joshua Bell (propietario de un famoso Stradivarius), el creador de los *Sims* Will Wright, los actores Michael Douglas y George Clooney, el arquitecto Friedrich Hundertwasser, Gabriel García Márquez;
- enviaron a sus hijos: los cantantes Bono, Renaud y Yannick Noah, el violonchelista Yo Yo;
- apoyaron el método de una manera u otra: los escritores León Tolstói y la famosa Helen Keller, los inventores Thomas Edison, Henry Ford y Alexander Graham Bell (que contribuyó a establecer la primera clase Montessori en Canadá y una de las pri-

meras en Estados Unidos), Mahatma Gandhi, Sigmund y Anna Freud, los Clinton, Bertrand Russell, Alfred Adler, Jean Piaget, Erik Erikson, el dalái lama, Philippe Meirieu, Albert Jacquard, Catherine Dolto... ·

Conclusión

«No educamos a nuestros hijos para el mundo de hoy. Este mundo habrá cambiado cuando sean mayores. Nada permite saber cuál será su mundo. Enseñémosles a adaptarse».

La mente absorbente del niño, MARIA MONTESSORI

El niño nace con un potencial inestimable. Nace para convertirse en sí mismo. Esta construcción transcurre de maravilla si el niño puede desarrollarse en un ambiente de benevolencia, amor y libertad. Entonces crece en el respeto de sí mismo y de los demás, y se construye una disciplina interior. Nuestra misión es ayudar al niño a construirse a sí mismo. Esto implica el respeto de los ritmos de su propio desarrollo. Lo ayudamos a no tener necesidad de nuestra ayuda, a ser autónomo.

El niño necesita al adulto y el adulto necesita al niño. Estos dos «polos de la humanidad», como decía Maria Montessori, se influyen recíprocamente. Esta simple toma de conciencia nos ayuda a darnos cuenta de que los niños nos aportan tanto como nosotros les aportamos a ellos.

El enfoque montessoriano es ante todo un estado de ánimo que favorece el desarrollo de valores positivos: la confianza en sí mismo, la autoestima, las ganas de aprender la creatividad y el gusto por las alegrías simples. El niño se pone en condiciones de descubrir por sí mismo, lo cual desarrolla el amor por el trabajo. Es una manera de ser que favorece el desarrollo personal en una atmósfera de confianza. Es un método que privilegia la búsqueda en lugar de la exposición y la cooperación en lugar de la competición. De forma natural, el niño tiene sed de aprender y de crecer. Ofrecerle un marco en el que pueda saciar esta sed en el momento adecuado es el mejor de los regalos que se le puede hacer, el de la libertad y la paz interiores, en otras palabras, el de la felicidad.

En conclusión, por qué no listar los objetivos del enfoque Montessori, que no solamente sirven de trampolín para la adquisición del lenguaje y de las matemáticas, sino que también favorecen el desarrollo global de cada niño, es decir:

• La autonomía y el desarrollo de la confianza en sí mismo.
• La independencia y la capacidad de encontrar en sí mismo los recursos de automotivación y autoevaluación, la capacidad de trabajar por sí mismo.
• La autoestima.
• La creatividad y el gusto por la iniciativa.
• El gusto por el esfuerzo y la perseverancia.
• El altruismo y el gusto por el servicio, la sociabilidad y el compartir, que van a la par con la colaboración.

- El respeto por sí mismo y por los demás.
- La empatía, la expresión y el análisis de los sentimientos.
- La toma de conciencia de la pertenencia de cada uno a la sociedad, así como de la interdependencia entre todos.
- El placer de aprender y la educación en la alegría.
- El sentido de la cortesía y de la PAZ.

Lo esencial es la manera de ser. Ser en lugar de tener.

Bibliografía |

Obras de Maria Montessori

De l'enfant à l'adolescent, París: Desclée de Brouwer, 2006.

Educación y paz, Buenos Aires: Errepar, 2001.

Éducation pour un monde nouveau, París: Desclée de Brouwer, 2010.

Éduquer le potentiel humain, París: Desclée de Brouwer, 2003.

El método de la pedagogía científica: aplicado a la educación de la infancia en las «Case dei Bambini» (Las Casas de los Niños), Madrid: Biblioteca Nueva, 2004.

El niño, Barcelona: Araluce, 1971.

Formación del hombre, Barcelona: Araluce, 1973.

La auto-educación en la escuela elemental: continuación al método de la pedagogía científica aplicado a la educación de la infancia en las «Case dei Bambini» (Las Casas de los Niños) Barcelona: Araluce, 1925

La mente absorbente del niño, Barcelona: Araluce, 1971.

Les Étapes de l'éducation, París: Desclée de Brouwer, 2007.

Psicogeometría, Barcelona: Araluce, 1934.

The 1946 London lectures (AMI). París: Desclée de Brouwer, 2016 (1939).

Otras obras

Blanquer, Jean-Michel, *L'École de la vie*, París: Odile Jacob, 2014.

Chapman, Gary, y Ross Campbell, *Langages d'amour des enfants*, Lognes: Éditions Farel, 1998.

David, Myriam, y Geneviève Appell, *Loczy ou le maternage insolite*, París: Éditions du Scarabée, 1973.

Dolto, Françoise, *Tout est langage*, París: Gallimard, «Folio Essais», 2002.

Dumonteil-Kremer, Catherine, *Élever son enfant autrement*, París: La Plage, 2009.

Gordon, Thomas, *Parents efficaces au quotidien*, París: Marabout, 2007.

Leboyer, Frédérick, *Por un nacimiento sin violencia*, Madrid: Mandala Ediciones, 2008.

Lemoine, Paul, *Transmettre l'amour: L'art de bien éduquer*, Bruyères-le-Châtel: Nouvelle Cité, 2007.

Martino, Bernard, *Le Bébé est une personne: La fantastique histoire du nouveau-né*, París: J'ai Lu, 2004.

Missant, Béatrice, *Des ateliers Montessori à l'école*, Issy-les-Moulineaux: ESF Éditeur, 2011.

Montanaro, Silvana, *Understanding the Human Being: Importance of the First Three Years of Life*, Países Bajos: Nienhuis, 1987.

Bibliografía

Pikler, Emmi, *Moverse en libertad: desarrollo de la psicomotricidad global*, San Sebastián: Nerea, 2012.

Polk Lillard, Paula, *Pourquoi Montessori aujourd'hui?*, París: Desclée de Brouwer, 1984.

Quelle éducation pour quelle société?, conferencias de un coloquio en 2005 editadas por la AMF.

Sizaire, Anne, *Maria Montessori, la educación liberadora*, Bilbao: Desclée de Brouwer, 1995.

Spinelli, Patricia, y Karen Benchetrit, *Un autre regard sur l'enfant*, París: Desclée de Brouwer, 2009.

Standing, E. M., *Maria Montessori, sa vie, son oeuvre*, París: Desclée de Brouwer, 1995.

Stoll Lillard, Angeline, *Montessori: The Science behind the Genius*, Oxford: Oxford University Press, 2005.

Thirion, Marie, y M. J. Challamel, *Mi hijo no me duerme, ¿qué puedo hacer?*, Barcelona: Obelisco, 2003.

Thirion, Marie, *La lactancia*, Barcelona: De Vecchi, 2006.

Tisseron, Serge, *Apprivoiser les écrans et grandir*, Toulouse: Érès, 2013.

Toulemonde, Jeannette, *Le Quotidien avec mon enfant*, Breuillet: Éditions l'Instant Présent, 2010.

Valentin, Stephan, *La Fessée, pour ou contre?*, Saint-Julien-en-Genevois: Jouvence, 2009.

Veldman, Frans, *Haptonomie. Science de l'Affectivité: Redécouvrir l'Humain*, París: PUF, 2007.

Revistas

L'enfant et la vie, <www.lenfantetlavie.fr>.

Grandir autrement.

Páginas web

<http://aidtolife.org> (en inglés).

CIRDH sobre la haptonomía: <http://www.haptonomie. org/fr/>.

<http://www.montessoriguide.org/>.

Agradecimientos

Doy las gracias a todos los que han leído este libro y lo han dado a conocer. Esto ha permitido su traducción a varias lenguas y ha dado lugar a una decena de tiradas, así como a esta nueva edición, que he completado y mejorado con gran placer, en especial añadiendo nuevas actividades para proponer a los niños.

Gracias a André Roberfroid, presidente del ISMM y de la Fundación Montessori de Francia, embajador de la AMI, por su prefacio.

Gracias a Stanislas y a nuestros hijos Solange, Jean-Baptiste, Jeanne, Célestine y Maxime.

Gracias a la AMF (Asociación Montessori de Francia) y a Patricia Spinelli, directora del ISMM (Instituto Superior Maria Montessori).

Gracias a Amélie Poulin y Nadia Hamidi, educadoras AMI 3-12 años.

Gracias al equipo editorial.

Gracias a las escuelas que me han abierto sus puertas para las fotos: Enfants du Monde (Montreuil), The Little English Montessori School of Paris (París), Instituto Jeanne-d'Arc

(Roubaix), la escuela bilingüe Montessori de Val-de-Marne (Nogent-sur-Marne) y la escuela Montessori bilingüe de Rueil-Malmaison.

Gracias a todos los que han aportado su testimonio o su contribución a este libro: Marino, Valérie, Christian, Nicole, Émilie, Hélène, Anne, Martin, Alice, Séverine, Delphine, Geneviève, Claire, Bernard, Béatrice, Christelle, Marie, Caroline, Paul, Louise, Gabin, Raphaëlle, Lucie, Tiphaine, Marine, Louise, Appoline, Maxence, Gabriel, Clémentine, Antoine, Xingi y Andrea.

Su opinión es importante.
En futuras ediciones, estaremos encantados
de recoger sus comentarios sobre este libro.

Por favor, háganoslos llegar a través de nuestra web:

www.plataformaeditorial.com

Para adquirir nuestros títulos,
consulte con su librero habitual.

«No existe amor a la vida
sin desesperación de vivir.»*
ALBERT CAMUS

«*I cannot live without books.*»
«No puedo vivir sin libros.»
THOMAS JEFFERSON

Desde 2013, Plataforma Editorial planta un árbol
por cada título publicado.

* Frase extraída de *Breviario de la dignidad humana* (Plataforma Editorial, 2013).